Mendiants d'amour

Matthieu Dauchez

Mendiants d'amour
À l'école des enfants de Manille

Artège

En couverture : une petite fille de la « Montagne fumante » avec
sa poupée, trouvée parmi les déchets, qu'elle porte comme un trésor.

Photos : droits réservés

2e édition
© Octobre 2011, Éditions Artège
ISBN 978-2-36040-028-7

Éditions Artège
11, rue du Bastion Saint-François – 66000 Perpignan
www.editionsartege.fr

À Reyzor
À ma famille

« *Il faut consentir à la nuit*
pour apercevoir les étoiles. »

Dom Gérard, *Demain la Chrétienté*

Préambule

L a fondation « Tulay ng Kabataan » est une organisation non-gouvernementale qui vient en aide aux enfants défavorisés de Manille, aux Philippines.

Elle œuvre sur trois volets distincts : les enfants des rues, les enfants des bidonvilles et les enfants chiffonniers de la décharge de Manille.

Fondée en 1998 par un prêtre jésuite français, la fondation n'a cessé de grandir depuis. Elle compte aujourd'hui plus de 1 300 enfants répartis dans 24 centres.

Une antenne française a été créée pour faire connaître et soutenir l'action entreprise :

« ANAK – Un Pont pour les enfants »
8 rue des réservoirs
78 000 Versailles – France
+33 1 39 51 08 79
www.associationanak.org

Petit avant-propos :
La sagesse puérile

« Ne sais-tu pas, lui dit le Saint,
comme ces enfantelets sont hardis devant le trône de Dieu ?
Il n'y a même personne de plus hardi dans le royaume des cieux[1]. »

« **Q**uiconque ne reçoit pas le Royaume de Dieu comme un petit enfant n'y entrera pas. » Ces mots de Jésus rapportés par les trois évangélistes synoptiques[2] ont intrigué des générations de croyants.

En côtoyant les enfants des trottoirs de Manille, laissés pour compte et pauvres parmi les pauvres, cette instruction du Christ, plus implacable qu'on ne le croit trop souvent, se double ici d'un second mystère : la force des faibles, la richesse des miséreux.

« *Les pauvres nous donnent davantage que ce qu'ils peuvent recevoir de nous* » affirmait la Bienheureuse Mère Teresa. « *Aujourd'hui, c'est la mode de parler des pauvres,* poursuivait-elle, *malheureusement ce n'est pas la mode de leur parler.* » Peut-être faudrait-il ajouter : « Malheureusement,

---

1. Fedor Mikhaïlovitch DOSTOÏEVSKY, *Les frères Karamazov,* Folio classique 2655, Gallimard, p. 91.
2. Mc 10, 15 ; Lc 18, 17 ainsi que Mt 19, 14 dans des termes un peu différents...

ce n'est pas la mode *de les laisser parler.* » Voilà en une phrase ce que ce malheureux essai voudrait tenter de faire, avec des mots qui seront immanquablement des trahisons, mais qui, nous l'espérons, apporteront quelques lumières sur ce que les plus pauvres parmi les pauvres apportent à notre monde.

L'idée de ces pages est venue lors d'une conférence donnée à Neuilly-sur-Seine en octobre 2008, dont l'ambition était de réfléchir sur le pardon éclairé par l'exemple des enfants des rues. L'essentiel des trois premiers chapitres tire son inspiration de cette réflexion.

Nous avons modifié les prénoms des enfants par souci de discrétion.

Nous aimerions par ces lignes jouer le rôle d'un vitrail pour les enfants enguenillés de Manille, laissant passer les lumières qu'ils nous offrent et qui donneront elles-mêmes de la couleur aux ternes interprétations que nous pourrions faire. Qu'ils me pardonnent les exagérations, les imprécisions ou les erreurs de jugement qui rendraient fade ou insipide la profondeur de ce qu'ils vivent au jour le jour.

« *Lorsque les sages sont au bout de leur sagesse, il convient d'écouter les enfants.* » Bernanos

Au fil des jours,
mon âme s'enfonce avec aridité dans la douleur
à mesure qu'elle découvre avec fécondité sa fragilité.

Amour trahi
Le pardon impossible

« Il faut toujours trembler devant le Bon Dieu,
mais bien plus encore devant son Amour que devant sa justice[1]. »

L'amour.

Existe-t-il un thème qui ait fait couler plus d'encre ? J'en doute. Ce sont tous les styles qui se sont efforcés de chanter la beauté de l'amour avec un talent inégalé, pour quelques rares poètes, ou s'aventurant sans grands résultats pour la plupart des chanteurs de l'époque « post-môme ». La critique est vraie mais facile. Et il ne s'agit pas de condamner sans appel car le risque est grand pour tous de glisser dangereusement sur la pente de cette médiocrité tant redoutée dés qu'il s'agit d'aborder un sujet aussi intense, fondamental et universel : l'amour ! L'humilité est de rigueur.

Toutefois, humble ne signifie ni simpliste ni naïf. Or l'amour est malheureusement trop souvent exhibé avec sa quasi-consubstantielle étiquette « sensibilo-sensible » et brandi régulièrement pour, en son nom, tout dire, tout faire, tout juger… *« L'essentiel n'est-il pas qu'ils s'aiment ? »*,

---

1. Charles Cardinal JOURNET, « Comme une flèche de feu », *Foi vivante*, Le Centurion 1992, p. 25.

entend-on si souvent pour justifier tout et n'importe quoi... (surtout n'importe quoi). L'une des grandes victoires du Démon ne consiste-t-elle d'ailleurs pas à nous faire amalgamer amour et tolérance au point que, dans les milieux reconnus (accrédités parce que bavards) cette dernière est devenue une menace agitée à chaque déclaration « politiquement ou religieusement » incorrecte.

Et pourtant... Quelle fiancée aimerait entendre son bien-aimé lui déclarer sa flamme avec ces mots si affectueux : « *Je te tolère* »... ? Non, l'amour n'est pas tolérant. Au contraire même il est intolérant. Comme disait Léon Bloy, « *je suis pour l'intolérance parfaite*[2] *!* » On nous rebat les oreilles avec l'amour inconditionnel, et bien il me semble au contraire que l'amour pose ses conditions, nous y reviendrons.

Les enfants des rues de Manille ne parlent pas d'amour car les mots, ils le savent, risquent dangereusement de trahir ; ils *vivent* l'amour. Nous pourrions nous étonner que ces petits êtres, dont les cœurs ont été trahis, puissent tant aspirer à un amour vrai. Mais finalement il n'y a là rien d'étrange ; c'est mystérieux certes, mais bien loin d'être incohérent. De même que la joie se lit sur leurs visages souffrants, de même l'amour déborde de leurs cœurs trahis.

Ils ne veulent pas être « tolérés », ils veulent être aimés et ce désir intense, puissant et vrai ne souffre pas la médiocrité. Ils ne prétendent pas inconsciemment à une espèce

---

2. Léon Bloy, *Journal,* Tome I, Robert Laffont, p. 118.

de philanthropie adepte des mots, mais plutôt aspirent à ce qui, seul, donne encore sens à leur vie blessée.

« *J'aime, donc je suis*[3] » écrivait Gustave Thibon juste après la Shoah, résumant ainsi en quelques mots le cri de ces enfants : aimer, c'est exister ; aimer, c'est réaliser ce pour quoi nous existons, ce pour quoi nous avons été créés. Aimer, c'est s'accomplir.

L'amour n'est donc plus amour s'il n'est pas exigeant, très exigeant même, intransigeant, impitoyable. « *Quand je livrerais mon corps aux flammes, si je n'ai pas la charité, cela ne me sert de rien* » *(1Co 13,3)*. C'est cela l'amour, un feu inextinguible qui en demande toujours plus. « *Il n'y a pas de plus grand amour que de donner sa vie pour ses amis* » (Jn 15,13).

Selon les mots célèbres de saint Augustin, la mesure de l'amour c'est d'aimer sans mesure. Mais n'interprétons pas ces mots n'importe comment ! Le docteur de l'Église ne dit pas que l'amour est sans mesure, mais bien que sa mesure est d'aimer sans mesure. « *Aimer en actes et en vérité* » est le titre d'un livre d'Alphonse d'Heilly[4] ; quelques mots simples qui traduisent assez bien ce qu'est « *la mesure de l'amour* » et qui, seuls, autorisent à aimer « *sans mesure* ». « En actes » et « en vérité » sont les règles d'exigence de l'Amour, celui-là seul auquel les enfants aspirent de toutes leurs forces.

---

3. Gustave Thibon, *Notre regard qui manque à la lumière*, Amiot-Dumont, Paris 1955, p. 211.
4. Alphonse d'Heilly, *Aimer en actes et en vérité*, saint Paul - C.L.E.R., Paris 2005.

Mais avant de comprendre la « *mesure* » de cette soif d'amour, il convient d'avoir perçu la « *démesure* » du manque d'amour que connaissent ces enfants. Je n'ai pas la prétention de dresser un tableau détaillé de leur situation, ou plutôt de leur drame, mais je désire juste donner une petite idée de ce qu'ils vivent.

« *Aucun motif qu'on puisse me donner pour compenser une larme d'enfant ne peut me faire accepter cette larme[5]* » disait la philosophe Simone Weil. Nous avons envie de pousser le même cri car ce dont nous sommes témoins, dans le cadre de la fondation « *Tulay ng Kabataan[6]* » à Manille, est bien souvent insupportable. Et nous ne sommes pourtant que témoins, et non victimes.

Envolons-nous donc en direction des Philippines, pays chaud et humide d'Asie du Sud-Est, très peuplé, avec ses 90 millions d'habitants dont une large majorité ne vit qu'avec deux dollars par jour, et une personne sur cinq reçoit l'équivalent d'un simple repas, c'est-à-dire moins d'un dollar par jour.

Il est nécessaire de se replacer avec réalisme dans le contexte de cette nation appelée parfois le pays du sourire :

– Un pays pauvre : on estime que près des trois quarts de la population vivent en dessous du seuil de la pauvreté aujourd'hui.

---

5. Simone WEIL, *La pesanteur et la grâce*, p. 90, Plon, La Flèche, 1991, p. 90.
6. *"Un pont pour les enfants"* en tagalog (langue philippine), nom donné à la fondation à sa création en 1998.

– Un pays touché de plein fouet par la crise alimentaire et financière : le prix du riz, alimentation de base comme dans la plupart des pays d'Asie, a doublé en quelques mois.

– Enfin un pays rongé, jour après jour un peu plus, par cette gangrène sociale qu'est la corruption, les Philippines étant sur le podium des pays asiatiques les plus corrompus.

Il faut se replacer dans ce contexte, écrivais-je, parce que les premières victimes sont les enfants.

Ce n'est pas le lieu de m'étendre sur les raisons ou les conséquences des crises sociales, économiques et politiques des Philippines, mais je fais un simple constat…

Lorsque le prix de base du transport en commun passe de 2 pesos[7] en 1998, à 8,5 pesos en 2008, il existe un risque évident de conséquences en cascade : ne plus pouvoir emmener ses enfants à l'hôpital, ni faire son marché régulièrement, ni même envoyer ses enfants à l'école. Bref, on crée – malgré soi – un environnement idéal pour exposer les plus innocents à des dangers dont la simple menace nous effraie : mendier, fouiller les poubelles, traîner avec n'importe qui… formant la première « roue » d'un engrenage infernal.

J'affirme que l'on crée un environnement dangereux « *malgré soi* », mais ce n'est pourtant pas tout à fait vrai.

---

7. Monnaie des philippines. Un euro est à peu près équivalent à 63 pesos.

Antoine de Saint Exupéry écrit dans *Citadelle,* cette belle phrase à propos des parents : « *Je vais vous confier ces enfants, non pour soupeser plus tard la somme de leurs connaissances mais pour me réjouir avec vous de la qualité de leur ascension.* » Les parents de ces enfants ont donc leur part de responsabilité, limitée certes – que ferions-nous dans leur situation ? – mais réelle tout de même.

Pourquoi ? Parce que découragés, les parents négligent leurs enfants. Excédés parfois, ils voient dans leurs progénitures, non plus des victimes, mais des coupables, ou pour le moins des complices de ce malheur dans lequel ils se sentent englués. Ils étouffent. Alors les parents fuient et font fuir.

Ils fuient parce qu'ils n'ont plus le courage de se battre pour leurs enfants. Ils fuient parce qu'ils préfèrent noyer leurs problèmes dans l'alcool ou les oublier dans la drogue (problèmes qui touchent près de la totalité des foyers vivant dans les bidonvilles). Ils fuient en évacuant par la violence, un découragement devenu colère (90 % des enfants des rues ont été victimes de violences physiques en famille). Ils fuient enfin en se déconnectant du réel et se laissant aller à toutes sortes de pulsions, notamment sexuelles, dont les enfants font les frais – les filles en particuliers, mais aussi à très large échelle les garçons – (on estime que trois enfants des rues sur quatre ont été abusés sexuellement au moins une fois).

Les parents fuient donc… et font fuir. Négligence, violences physiques, abus sexuels ; l'enfant s'en va, il quitte le toit familial, symbole ô combien parlant de la protection à laquelle il a droit ; il quitte le foyer où il devrait se sentir protégé parce que désormais il se sait menacé.

« Mendier, fouiller les poubelles, traîner avec n'importe qui », cette première roue de l'engrenage infernal dont je parlais, n'a plus alors le visage d'un danger pour les enfants, mais celui de la survie. Et l'engrenage est infernal parce que le passage de la mendicité au vol s'avère bien ténu comme la transformation aussi, bien rapide, entre un « n'importe qui » et un chef de gang… C'est la chute. L'enfant trouve la sécurité qu'il a perdue en famille dans ces groupes de rues qui lui fixent de nouveaux repères.

Et tout s'enchaîne : codes de rue (souvent avec des initiations qui ressemblent à des bizutages perfectionnés dans l'échelle de l'horreur), implication dans les crimes organisés, apprentissage des habitudes de rue telles que « sniffer » du solvant (la quasi-totalité des enfants des rues en fait l'expérience) ou parfois des drogues plus dures comme le « shabu » (sorte de crack pour les pauvres qui fait des ravages dans les familles des bidonvilles) vol à la tire, violence… et bien sûr – malheureusement – chosification de la personne qui mène inévitablement à des expériences sexuelles précoces souvent forcées et, dans de très nombreux cas, à la prostitution au moins occasionnelle.

Le drame est consommé.

Je ne vais pas m'appesentir sur les détails de cet enfer que connaissent les enfants des rues, mais encore une fois, je voudrais reprendre à mon compte le cri de la philosophe : « *Aucun motif qu'on puisse me donner pour compenser une larme d'enfant ne peut me faire accepter cette larme.* »

Et l'amour dans tout cela? Un enfant peut-il encore chérir l'amour après avoir été victime d'un abus sexuel ou avoir été battu comme un animal? Un enfant peut-il réapprendre à aimer? Un enfant peut-il encore seulement croire à l'amour? Il est seul, sur un trottoir, n'osant pas penser à demain parce qu'hier fut douloureux, et qu'aujourd'hui il n'y a rien. L'espérance se raccroche au lendemain, le désespoir s'en inquiète. L'enfant des trottoirs, lui, le méprise. C'est peut-être sa force, il vit au jour le jour… Pardon, le terme choisi n'est pas exact ; l'enfant de la rue « fuit » au jour le jour, mais ne vit pas, bien au contraire.

Son amour, son intense désir d'aimer a été trahi, son cœur est blessé. Il n'a donc plus rien. « *Les enfants*, disait Dostoïevsky, *sont comme des anges, ils existent pour toucher nos cœurs*[8]. » Mais nos cœurs savent-ils se laisser toucher?

Lorsque nous allons à la rencontre des gangs d'enfants, presque tous les soirs de l'année dans les rues de Manille, avec une équipe d'éducateurs, et que nous passons des heures à essayer de convaincre les uns ou les autres de quitter cet enfer, ce qui est sûr c'est qu'aucun d'entre eux ne viendra dans l'un de nos foyers d'accueil parce que nous leur promettons un bon repas, même s'ils n'ont pas mangé depuis plusieurs jours ; aucun d'entre eux ne quittera la rue parce que nous leur promettons un toit ou un lit même s'ils n'ont qu'un carton pour dormir ; aucun d'entre eux ne rejoindra la fondation pour un jeu, un nouveau polo ou je ne sais quelle promesse aussi sincère soit-elle. Un enfant

---

8. Fedor Mikhaïlovitch Dostoïevsky, *Les frères Karamazov*, Folio classique 2655, Gallimard 1994, p. 433.

quitte la rue lorsque son cœur comprend : « Veux-tu être mon ami ? » Une chose est donc certaine : sa soif n'est pas d'abord matérielle.

Saint Jean de La Croix a des mots tout simples dans une de ses lettres : « *Là où il n'y a pas d'amour, mettez de l'amour et vous recueillerez de l'amour.* » À ces manques d'amour, répondez par l'amour ; à ces trahisons, ces blessures, ces viols, ces violences, ces sévices, ces déchirures, à cet anéantissement des cœurs, répondez par l'amour, répondez par le pardon, et vous recueillerez l'amour. Tout semble si simple et les enfants ne demandent que cela ! Néanmoins, l'horreur et la cruauté de leur quotidien nous révolte et notre juste indignation nous suggère que tout pardon est impossible.

Impossible.

Le pardon semble impossible effectivement, ou du moins hypocrite, et ceci pour deux raisons principales qui ne sont pas exhaustives, évidemment… ou plutôt malheureusement.

Tout d'abord, le pardon s'avère impossible parce que parmi les horreurs que subissent les enfants des rues, certaines fautes sont inexcusables. Nous pouvons toujours tenter, avec charité ou naïveté, de réduire la responsabilité de ceux qui commettent des abus sur les enfants, nous ne pouvons toutefois jamais excuser leurs actes. Les circonstances dites « atténuantes » n'atténuent bien souvent que la vraie vision que nous avons du mal commis. Mais il est clair que certains abus provoquent des blessures au fond des cœurs des enfants qui ne peuvent guérir. Nous pouvons, à notre mesure, essayer de panser ces blessures, mais nous ne les guérirons jamais.

Je me souviens très bien de la remarque que m'avait faite Daniel, dernier de trois frères, tous recueillis dans un des centres de la fondation. Il avait onze ans à l'époque. Ses mots étaient à la fois terribles et admirables. Il m'avait dit : « *Mon Père, vous savez, je ris beaucoup à l'extérieur, mais je pleure à l'intérieur.* » J'avais alors compris à quel point nous ne pouvions pas prétendre entrevoir l'abîme des détresses que ressentent ces enfants. Finalement, pour la plupart, ils refusent la vie. Notre plus grand défi est de leur faire faire ce pas titanesque qu'est le choix de la vie, par-delà les blessures terribles qu'ils ont au fond du cœur, par-delà cette « mort » plantée au fond de leurs entrailles. « *Je prends aujourd'hui à témoin contre vous le ciel et la terre : je te propose la vie ou la mort, la bénédiction ou la malédiction. Choisis donc la vie* » (Dt 30, 19).

Un pardon impossible donc parce que la faute est inexcusable, et pire encore – deuxième raison – parce qu'il n'y a pas de réparations. Le mal fait est un mal irrémédiable.

Un enfant abusé reçoit « *cette écharde dans la chair* » (2Co 12,7) qui constituera tout au long de sa vie une souffrance que nous ne mesurons pas et qui participe très certainement de ce qui « *manque aux épreuves du Christ pour son Église* » (Col 1,24). L'abîme dans lequel, bien malgré lui et parfois inconsciemment, l'enfant est plongé est incommensurable. C'est un trou, un vide dont les conséquences sont terribles. C'est une blessure du cœur, bien plus insoutenable qu'une blessure du corps. C'est le plus intime qui est violé, la dignité de l'enfant, sa capacité même d'aimer. « *Je suis un objet* – pense-t-il – *et un objet n'aime pas.* »

« *Je me sens sale* » me disait un des jeunes de la fondation qui a été abusé sexuellement par un touriste lorsqu'il n'avait encore que dix ans. « *Je me sens sale* », expression qui revient communément chez les enfants abusés, nous le savons, dont la souillure est profonde, trop profonde… Et rien ne l'apaise vraiment car ils sentent que leur cœur est souillé, et par là même leur capacité d'aimer, leur vocation la plus essentielle. « *Un cœur souillé ne peut plus aimer*, conclut-il, *un cœur souillé ne peut plus être aimé!* »

Être prêtre parmi les enfants des rues, c'est embrasser la vocation de consolateur et se retrouver confronté à un mur. Nous voudrions guérir, mais nous devons nous contenter de panser les blessures et laisser le Bon Dieu faire surgir des fruits qu'Il tire même du mal… Or le plus beau fruit – dont nous sommes de bien indignes témoins – est le pardon, que la Bienheureuse Mère Teresa appelait « le plus grand amour ».

Mais pour aimer en vérité, pour aimer « grandement », il faut commencer par haïr! C'est une conviction tenace : il n'y a pas d'amour authentique sans haine!

Des cœurs qui battent
Éloge de la haine

« La miséricorde ?
Qui donc la vengera du visage niais qu'on lui donne très souvent ?
Quand donc comprendra-t-on qu'elle est inséparable d'une
haine active, furieuse, dévorante, implacable, exterminatrice et
éternelle, la haine du mal ?
Quand donc comprendra-t-on que pour être miséricordieux,
il faut être inflexible ?..[1] »

La haine.

Voyant pleurer un saint, un paysan s'approche et demande : « *Pourquoi pleurez-vous ?* » Et le saint répond : « *Je pleure que l'amour n'est pas aimé.* » Cette petite anecdote parfois reprise dans des retraites spirituelles est simple et belle, mais incomplète. Et si c'est une histoire vraie, le témoin de la scène, probablement emporté par son désir de ne rapporter que l'aspect le plus doux a peut-être omis la suite. Car nous pouvons prolonger le dialogue et imaginer que le saint s'est empressé d'ajouter ensuite : « *Et je pleure que le mal n'est pas haï.* »

C'est peut-être d'ailleurs une des raisons pour lesquelles l'amour est le plus souvent si médiocrement dépeint. Le

---

1. Ernest HELLO, *L'homme*, Perrin & Cie, Paris 1928, p. 54.

tableau est incomplet, fade, bien loin de la réalité. C'est une sorte d'art abstrait quelconque que tout le monde est tenu d'approuver à l'encontre du goût naturellement porté, lui, vers ce qui est vrai et donc beau. Une anesthésie sans opération, une chloroformisation de la vérité… l'amour est aseptisé. On refuse de voir que l'amour est exigeant parce qu'il transforme le mal sans l'anéantir. Le mal est là, toujours là, tandis que l'amour, lui, est au-delà.

C'est un fondement de l'éducation que de ne pas donner au bien un goût mielleux et doucereux. Il a besoin de limites claires, de bornes strictes. Or nous avons plongé dans une ère qui élimine les frontières, non pas seulement pour satisfaire une certaine idée de l'Europe, mais aussi dans tous les domaines de la société. Aujourd'hui par exemple, le père est parfois sans autorité, et dans certains malheureux cas il ne peut plus prétendre qu'à une reconnaissance biologique. Il arbore fièrement un ADN qui devient son critère absolu – pardon, son code! – de paternité. Le Bien est « éthérisé » au point qu'un Philippe Muray constate avec désarroi : « *Le Bien est allé vite. Le Bien s'est démené. Il a bien travaillé. Au passage, dans sa ruée furieuse, il a même réussi à escamoter le Mal. Il l'a emporté. Il l'a converti. Il l'a accaparé. Il l'a mis dans sa poche*[2]. » Il n'y a plus vraiment de bien puisqu'il n'y a plus de mal. L'anesthésie suffit puisqu'ainsi il n'y a plus de douleurs. C'est la méthode Coué morale et spirituelle. « *Tout le*

---

2. Philippe Muray, *L'empire du Bien*, Les belles lettres, Paris 2006, p. 14.

monde, il est gentil »… ou plutôt – sommet de subtilité contemporaine – « *tout le monde, il est pas méchant.* »

À l'instar de saint Augustin dans *Les Confessions*[3] , saint Thomas d'Aquin (manquant cruellement d'originalité pour les adeptes du changement), définit le mal comme une privation de bien[4]. Notre monde moderne, lui, se veut plus raffiné. Il combat les « méchants », il veut faire disparaître le Mal et s'accaparer le privilège divin de la fin des temps. Il en crée même des axes et définit le bien comme « ce qui ne fait pas mal » ou plutôt « ce qui ne *me* fait pas mal ». C'est une poutre dans l'œil et une poutre sans échardes. La solution au problème du mal pour ce monde est de se convaincre qu'il n'y a pas eu de mal. C'est avec les mots qu'on évapore les maux. Ô divinité dolto-freudienne.

Le cardinal Journet, à contre-courant du « sensibilisme » sacré du xxe siècle, propose un autre regard : « *Il y a des paroles très dures* – dit-il – *qui ne sont que l'envers d'un très grand amour. Les tièdes ne les comprendront jamais*[5]. » J'ai reçu une lettre un jour d'un enfant de la fondation que j'avais réprimandé durement la veille à cause d'une bêtise qu'il avait faite dans son centre. C'était une lettre de remerciements. Elle m'a aidé à comprendre ce que le Cardinal voulait dire.

---

3. Saint Augustin, *Confessions*, GF- Flammarion, ch. 7.
4. Saint Thomas d'Aquin, *Contra Gentiles* I, GF - Flammarion 1999, tome I, ch. 71.
5. Charles Cardinal Journet, « *la défense de Luther* », courrier de Genève, 6 mai 1928.

Mais il faut pousser la réflexion encore plus loin car lorsque l'on côtoie les enfants des rues de Manille, c'est loin d'être uniquement une question d'éducation ou d'autorité. Ils sont en effet victimes de lourds abus, reflets d'un mal qui dépasse largement la trop simple question de pédagogie. Il faut donc aller jusqu'à la haine !

Oui, il faut haïr ce qui leur a été fait. Haïr l'abandon, haïr l'abus sexuel, haïr les violences physiques, haïr la négligence avec laquelle ils ont été traités, haïr ce manque d'amour auquel ils ont pourtant droit, haïr d'une haine parfaite. Le deuxième commandement, qui est l'amour du prochain, est aussi un commandement de haine, parce que si vous aimez votre prochain, vous haïssez tout le mal qui s'oppose à cet amour. « *Je vous donne un commandement nouveau* », aurait pu dire le Christ : « *Haïssez ! Haïssez votre péché, haïssez les péchés des uns et des autres.* » J'aime beaucoup, à ce propos, les mots musclés d'Ernest Hello cités en tête de chapitre car la miséricorde est indissociable de la haine, c'est pourquoi elle attire dans l'Évangile la notion d'amour, comme l'aimant attire le fer.

Rien n'est plus terrible pour un enfant, qui a vécu les pires choses au cours des courtes années de son existence, que de s'entendre dire : « *Ne t'en fais pas, oublie ce que l'on t'a fait et prends un nouveau départ.* » Non, mille fois non ! Car la faute est inexcusable, et ce serait faire preuve de bêtise ou de lâcheté que de l'affadir. Elle est inexcusable et ne mérite, en tant qu'acte, que notre haine. Et c'est justement parce qu'elle est inexcusable que le pardon, lui, est magnifique. C'est la logique de l'amour que les enfants nous apprennent. Jamais je n'ai entendu un enfant des rues me dire « *ce n'est pas grave* », jamais de « *j'oublie* » ; non, ce que j'entends ce sont des « *je l'aime encore* ». Les enfants n'excusent pas, ils pardonnent !

Petite anecdote au passage, qui n'a rien à voir avec les Philippines, mais qui s'est passée en France alors que j'étais encore adolescent. Je prenais un goûter chez une amie et accidentellement, dans un mouvement maladroit, j'ai fait tomber une sorte de petit confiturier en verre, qui s'est tout simplement désintégré en une multitude de petits morceaux, direction la poubelle. Je n'avais pas fait exprès bien sûr, et la maman que j'ai vue légitimement pâlir devant moi, le savait très bien. Après m'être excusé platement, je l'ai entendu me dire avec des lèvres très serrées masquant une colère mal enfouie : « *Ce n'est pas grave…* », et afin de me mettre bien à l'aise d'ajouter : « *C'était un cadeau de mariage… mais ce n'est pas grave !* » Manifestement elle m'avait effectivement excusé, mais pas encore pardonné !

L'histoire de Dodong est beaucoup plus intéressante pour notre sujet. Cette histoire que j'aime à raconter m'a profondément touché lors de mes premières années à Manille. Dodong est un enfant qui avait 11 ans à l'époque. Son histoire est un peu compliquée mais pour mieux comprendre sa situation, sans pour autant entrer dans les détails, il faut savoir que lorsque sa maman était enceinte, le papa de Dodong l'a quittée. Elle reporta alors toute sa colère sur cet enfant qui s'est vu attribuer le rôle du coupable, avant même de voir le jour. En conséquence, la maman rejeta son enfant qu'elle ne voulut pas garder à sa naissance.

Elle confia donc Dodong à une cousine, qui, après quelques années, pour des raisons financières, le renvoya chez sa mère. Celle-ci n'assumait toujours pas cette colère intérieure et négligea sa progéniture. Dodong vécut alors le calvaire commun à beaucoup d'enfants de la rue : les mauvais traitements, les abus physiques. Il était laissé à lui-même. Influencé par l'un ou l'autre de ses compagnons d'infortune, Dodong a fini par quitter le foyer familial et s'est retrouvé dans la rue où il a survécu pendant plusieurs mois avant d'être accueilli dans le cadre de la fondation. Inutile de détailler les mois passés à la fondation, où l'enfant a fait de beaux progrès et a même fini par retrouver les bancs de l'école.

J'en viens à cette soirée qui m'a beaucoup touché. Avant d'aller se coucher les enfants de chaque centre prennent un temps de prière ensemble, ponctué par quelques prières récitées en commun et un temps de silence. Or Dodong qui entrait tout juste dans sa douzième année, à la fin du temps imparti nous demande s'il peut prendre la parole.

Et voilà qu'il nous dit simplement, avec ses mots d'enfant : « *Je voudrais profiter de ce temps de prière, devant tous mes amis ici, pour dire que malgré tout ce que ma maman m'a fait – je ne sais pas pourquoi – mais je veux dire que je l'aime encore.* »

Inutile de préciser que nous sommes restés très silencieux après ce beau pardon donné. Il criait d'une certaine façon sa vie… « *Vous pensiez que j'étais mort et bien sachez que je vis encore et que mon cœur aime!* »

Haïr pour aimer en vérité. Éloge de la haine.

Mais il faut haïr parfaitement, ne pas s'arrêter en chemin. Il faut haïr jusqu'au bout. Il faut haïr jusqu'à l'amour. Et elle se situe précisément ici la dignité qui guérit l'enfant, la dignité retrouvée… au bout de la haine. Il faut aller au bout, au-delà du pardon impossible et le dépasser. Il faut aller au bout, jusqu'à l'amour. Il faut aller jusqu'au pardon nécessaire.

Alors pour clore ce chapitre que j'ai intitulé « éloge de la haine », je voudrais citer Fabrice Hadjadj, ce jeune philosophe français dont les livres impétueux et plein d'humour rencontrent un succès bien mérité. Il a quelques formules assez secouantes et celle que je retranscris est même un peu choquante, mais touche de plein fouet notre sujet. Voici ce qu'il écrit : « *Ainsi la pire des putains, le plus ignoble des pédophiles, s'ils se mettent à hurler leur néant jusqu'à faire pleurer les anges, deviennent dans leur nuit, des étoiles qui scintillent plus purement que l'abat-jour des époux satisfaits*[6]. » Voilà la force du pardon, et même plus que cela, voilà la nécessité du pardon.

---

6. Fabrice Hadjadj, *La profondeur des sexes*, Seuil, Paris 2008, p. 124.

La plus belle tunique
Le pardon nécessaire !

« L'homme n'a pas compris sa dignité[1]. »

Le pardon.

La nécessité du pardon est une question de cohérence. Cohérence si nous croyons aux exigences de l'amour « jusqu'au bout » ; l'amour jusqu'aux extrémités abyssales auxquelles l'Évangile nous entraîne. Cohérence aussi si nous voulons amorcer une vraie guérison. Pourquoi ? Parce que, sans aucun doute, la racine de toute guérison spirituelle se situe au cœur de la dignité de chaque être. « Dignité », gardons bien ce mot-clé à l'esprit.

Nous connaissons tous cette magnifique parabole de l'enfant prodigue et la représentation quasi-inspirée dont Rembrandt nous a fait cadeau. *« Soyons dans la joie car mon fils était mort, et il est revenu à la vie ; il était perdu et il est retrouvé »* (Lc 15, 24). Icône du pardon, voilà le moins que l'on puisse dire de cette représentation : une affection saisissante transparaît entre le père et son fils et émane de la paix qui règne dans cette scène où le fils retrouve, grâce

---

1. Saint AUGUSTIN, *Les Confessions*, GF-Flammarion 1964, Ch.XXIII.

à l'amour du père, sa dignité perdue. « *Apportez-lui la plus belle tunique et habillez-le* » (Lc 15, 22).

Mais il est évident que l'interprétation serait bien incomplète si notre regard ne se tournait que vers le fils. Le fils, c'est-à-dire le pardonné, représente la dignité perdue et retrouvée. Mais le père, c'est-à-dire le pardonnant, résume lui la dignité blessée, et elle aussi, d'une certaine façon, retrouvée ; il s'agit de la dignité qui s'accomplit, de la dignité dans toute sa noblesse. Mais comme l'objet de ces lignes n'est pas de méditer un évangile, je voudrais transposer la parabole aux enfants des rues. Car ils sont bien là et sont le père de notre parabole…

« *Tandis que [le fils] était encore loin, son père l'aperçut et fut pris de pitié ; il courut se jeter à son cou et l'embrassa tendrement.* » (Lc 15,20) Je pense aussitôt à nombre d'enfants de la fondation dont cette seule pensée hante chaque instant de leur vie : pouvoir courir, se jeter au cou de leurs parents, les embrasser tendrement et leur dire : « *Je te pardonne.* »

Lorsque nous parlons de la dignité de celui qui blesse, qui abuse, qui néglige, nous l'expliquons très justement, par le fait que celui qui commet la faute ne doit pas être réduit, aussi terrible que soit la faute, à l'acte qu'il a commis. C'est très vrai et se situe certainement dans ce regard sans jugement tranché sur la personne, le prélude nécessaire à tout pardon. Mais celui qui est blessé, celui qui est abusé, celui qui est négligé, celui qui est victime, lui non-plus, ne doit pas être réduit à cet acte qui a été commis envers lui !

Et c'est une clé, je crois, de l'apaisement intérieur auquel les enfants aspirent tant.

Il faut haïr ce qui leur a été fait – souvenons-nous des mots d'Ernest Hello – mais haïr parfaitement. Haïr jusqu'à l'amour, haïr jusqu'au pardon.

Et pour cela nous devons laisser aux enfants ce droit qu'ils ont de pardonner. Parce que la dignité de celui qui est pardonné est effectivement belle ; mais la dignité de celui qui pardonne est magnifique.

Les actes commis créent une blessure du cœur, et c'est le plus intime de l'enfant qui est violé, la vie du cœur, sa capacité d'aimer, elle-même. « *Je suis un objet* – pense-t-il – *et un objet n'aime pas.* » Nous comprenons facilement que le pardon n'est pas simplement une voie qui peut aider l'enfant à se reconstruire, il est nécessaire. C'est le pardon qui redonne à l'enfant cette capacité d'aimer qui a été violée. C'est le pardon qui guérit, c'est le pardon qui redonne la vie. « *Malgré tout ce que tu m'as fait, je ne sais pas pourquoi, mais je veux te dire que je t'aime encore.* » Dodong est celui qui parle, et à 11 ans, il nous donne un vrai traité sur le Pardon. Au mal, il répond par l'amour… C'est cela le miracle de l'amour.

Combien de fois avons-nous entendu un enfant de la rue, nous parlant avec une colère souffrante et peu maîtrisée de ce que son papa ou sa maman lui avait fait vivre, conclure pourtant en disant, « *mais c'est mon papa… c'est ma maman* », comme le cri de Dodong, « *je veux te dire que je t'aime encore* ». Quelle dignité extraordinaire dans ces simples mots d'enfants. Quelle leçon !

Notre sens de la justice nous arrête au pardon impossible, leur sens de l'amour les entraîne jusqu'au pardon nécessaire, parce qu'ils ont soif de vivre. « *Les torrents ne peuvent éteindre l'amour, les fleuves ne l'emporteront pas* » (Ct 8,7).

Elle se situe là notre espérance lorsque l'on travaille auprès de ces enfants blessés. L'espérance réside dans ces quelques mots tout simples : « *Les torrents ne peuvent éteindre l'amour, les fleuves ne l'emporteront pas* »... Il était mort – nous dit l'Évangile – et il est revenu à la vie ! Pardonner, c'est revivre et la plus belle aide que l'on peut apporter aux enfants, c'est de les aider à « choisir » la vie. Quand un petit bébé naît, nous parlons du « miracle de la vie », quand un pardon est donné, c'est le même miracle, le « miracle de la vie », tout aussi magnifique, tout aussi surnaturel et pourtant tout autant confié à l'homme.

Nous devons laisser aux enfants ce droit qu'ils ont de pardonner. Ils ont été victimes de la mort par le mal qui leur a été fait. Laissons-les être artisans de la vie par l'amour qu'ils veulent donner !

À propos de vie, il y a une petite anecdote que je trouve touchante. Le petit Jonard est un enfant qui a perdu sa maman très jeune et qui ne s'en remet pas. Il a souvent besoin de parler de tout et de rien, mais aussi et surtout de sa maman qui hante toutes ses pensées. C'est un enfant dont la sensibilité est à fleur de peau. Or il y a quelques mois, il m'a fait une déclaration étonnante. Il m'a dit, « *Mon Père, toi tu es gentil, j'aimerais que tu vives jusqu'à ta mort.* » Amusé, je lui ai répondu : « *Et bien, mon petit bonhomme, ne t'en fais pas, sur ce plan-là, ça devrait bien se passer »*… Mais après-coup, je crois qu'il a bien raison et reprend ainsi inconsciemment les mots de Jean Paulhan : « *La mort ? Pourvu que je vive jusque-là.* » Mon cher Jonard, tu as bien raison et tu me donnes une belle leçon : la mort, pourvu que je vive jusque-là !

Le saut est bien ambitieux. Pour passer du pardon impossible au pardon nécessaire, il faut faire l'éloge de la haine. Tout cela paraît curieux ou même incohérent car nous sommes trop habitués à des discours à l'eau de rose, mais les Évangiles (n'en déplaisent aux redoutées « dames-caté ») n'ont rien d'un traité de tolérance comme la mode syncrético-catholique aimerait pourtant nous le faire avaler. Jésus n'avait certainement pas la barbe coiffée, ni les mains jointes, la tête penchée et le regard illuminé. Ses paroles rapportées dans les quelques pages des Évangiles ne font l'impasse ni sur l'enfer, ni sur les malédictions ou le jugement dernier. Et s'il ne se montre pas foudroyant, exterminant d'un revers de la main tout le mal qui insulte son saint Nom, c'est parce que ce qu'il fait est plus terrible encore : Il pardonne. « *Car ce qui est folie de Dieu est plus sage que les hommes, et ce qui est faiblesse de Dieu est plus fort que les hommes* » (1Co 1, 25).

Il nous envoie comme des « *agneaux au milieu des loups* » (Lc 10,3) avec comme arme l'amour du prochain, et cela n'a rien d'une marguerite au bout du fusil. Il veut que nous pardonnions avec force, non pas comme des mollusques spirituels. Il veut que nous accablions de notre miséricorde ceux qui nous ont fait du tort, que nous les assiégions par amour, que nous les foudroyions par notre délicatesse. Le Bon Dieu veut des soldats de l'Amour, pas des danseuses de la tolérance. C'est l'unique état d'esprit qui permet l'ébauche d'un vrai pardon.

Je voudrais par conséquent faire deux remarques à propos du pardon ; deux remarques qui, à mon avis, expliquent, en partie du moins, pourquoi le pardon donné par les enfants est magnifique (mais elles sont valables pour tout vrai pardon à donner ; le nôtre aussi bien évidemment).

Le pardon que les enfants offrent est beau, d'abord et avant tout parce qu'il est difficile à donner. C'est ma première remarque. Il ne faut pas croire que les enfants pardonnent facilement, ce n'est pas vrai. La plupart mettront parfois des années à faire une telle démarche et nous entendons aussi très souvent malheureusement des enfants nous dire : « *Je ne pardonnerai jamais ! Je ne peux pas, je n'y arriverai pas.* » Le pardon, – nous le savons tous – est très difficile à donner, parce qu'il faut aimer au-delà de la faute. Or le mal, lui, il est bien là ; la blessure, elle, reste là et continue de faire mal.

J'ai entendu Mère Teresa – cette sainte immense pour laquelle j'ai une admiration sans bornes – dire dans un entretien des mots magnifiques sur le pardon ; pardon qu'elle décrit très justement comme le plus grand amour. Et pourtant, dans ce reportage, la Bienheureuse Mère Teresa concluait en disant que le pardon n'était pas donné totalement tant qu'on n'avait pas oublié. Je vais être très présomptueux, pardonnez-moi, mais je ne peux pas être d'accord sur ce point précis. L'oubli et le pardon ne peuvent pas aller de pair, car lorsque l'on oublie le mal commis, il n'y a plus rien à pardonner. J'ai honte, encore une fois, de revenir sur les mots d'une telle sainte, mais je crois du fond de mon cœur que le pardon est « *le plus grand amour* » précisément parce qu'il n'a pas oublié et qu'il aime malgré le mal, il aime au-delà du mal. C'est pourquoi les cinq plaies du Christ – qui marqueront éternellement son corps ressuscité – sont des plaies d'amour, les plaies du pardon !

« *Même les blessures les plus profondes peuvent être utilisées par la grâce*[2] » écrivait un Chartreux, et bien nous voici au cœur de la guérison, ou plutôt à la racine de la guérison, c'est-à-dire cette petite ouverture du cœur où Dieu peut s'engouffrer pour guérir.

Le pardon est difficile à donner, – ô combien – mais justement parce qu'il est si difficile à donner, il est magnifique. J'oserais même dire que plus il est difficile à donner, plus il est magnifique. N'est-ce pas à cela que l'on reconnaît la valeur du trésor ? La Bienheureuse Mère Teresa a dit ces très célèbres mots « *Give until it hurts* », « *Donnez, jusqu'à en souffrir.* » Des mots qui s'appliquent évidemment à la manière avec laquelle nous devons aider les pauvres, la manière avec laquelle nous faisons l'aumône (la manière avec laquelle il faut nous aider !), mais pourquoi ne l'appliquerions-nous pas aussi à la manière avec laquelle nous voulons aimer et pardonner. « Donnez, jusqu'au pardon ! », mais surtout « pardonnez jusqu'à en souffrir. »

---

2. Un Chartreux, *Le discernement des esprits*, Presses de la Renaissance, Paris 2003, p. 157.

Le pardon est donc magnifique parce qu'il est difficile. Il est magnifique aussi parce qu'il est exigeant et c'est là ma deuxième remarque. Vous me direz, c'est un peu pareil ; pas tout à fait pourtant. Le pardon n'est pas magique, c'est une orientation du cœur qui répond aux mêmes exigences que l'amour. Nous entendons souvent dire que l'amour est inconditionnel et pourtant c'est une évidence, l'amour est « sous conditions ». Il en a même trois.

Avant toutes choses, l'amour est un acte et non simplement fait de paroles. « *Il ne suffit pas simplement de dire "Seigneur, Seigneur", pour entrer dans le Royaume* » (Mt 7, 21). Il ne suffit pas simplement de dire « je t'aime, je t'aime », pour aimer. L'amour doit être en acte. Sans acte, il n'est que « *cymbale qui résonne* » (1Co 13)... Cela paraît évident, bien sûr, mais si nous l'appliquons au pardon, nous voyons qu'il ne s'agit donc pas simplement de dire « je te pardonne », il faut pardonner « en acte » : l'aide, l'accueil, la délicatesse, la charité bien sûr mais aussi la simple prière pour celui qui a blessé, sont autant de formes d'un pardon donné en acte.

La deuxième condition nécessaire de l'amour est sa constance. Il n'y a pas d'amour de l'instant. L'amour dure. C'est d'ailleurs le sens de l'engagement, et le sens du pardon où l'oubli, encore une fois, n'a pas sa place. Ainsi la blessure causée, qui continue pourtant de faire souffrir, devient l'opportunité toujours renouvelée – parce que le pardon est donné – d'aimer encore plus.

Enfin, pour qu'un amour soit authentique, il doit être gratuit. Un amour vrai n'attend rien en retour, le pardon non plus. Ce qui fait que nous pouvons donner un pardon qui n'est pas reçu et même donner un pardon qui est refusé, comme bien souvent celui du Christ en Croix est assurément mystérieux. Mais beaucoup de mystères portent notre monde et ne prennent leur sens que dans le cœur de Dieu.

Le pardon est difficile. Il est exigeant et c'est là toute sa beauté. C'est un vrai trésor vers lequel les enfants sont portés naturellement car ils savent que là est la vie, leur vie ou plutôt leur résurrection, leur retour à la vie. J'aime beaucoup ce verset de la Deuxième lettre de saint Paul aux Corinthiens : « *Nous portons un trésor dans des vases fragiles* », verset qu'il paraît tout à fait opportun d'appliquer au pardon ; au pardon dans les cœurs de ces enfants. Et quel trésor ! C'est un trésor qui donne la vie, un trésor qui redonne la vie…

Les bâtisseurs de cathédrales
Le choix de la vie !

« Au milieu de cette vie, nous sommes dans la mort[1]. »

La vie.

Il est nécessaire que nous fassions tous notre propre révolution « copernicienne » intérieure afin de comprendre enfin que ce n'est pas le « Soleil » qui tourne autour de notre petite personne. C'est finalement un exercice assez facile à faire avec de grosses planètes mais un principe bien difficile à admettre pour notre petit *ego* car il est terrible d'en assumer les conséquences. Notre compréhension de la vie risquerait trop d'être secouée.

Aujourd'hui le monde se construit autour de l'Homme et, sans complexe, la société dite civilisée a mis Dieu – c'est-à-dire la Vie – en orbite. Le Créateur n'est plus qu'un facteur plus ou moins influent, c'est tout. Et le résultat est déplorable. L'homme se regarde tellement le nombril que seule la garde rapprochée de ce petit trou ridicule au milieu du ventre, a droit aux honneurs : l'estomac au-dessus, le sexe en-dessous. Tout le reste n'est plus qu'instrument au service de ces deux lieutenants.

---

1. Antienne des Complies dominicaines de Carême.

Le bonheur si « médiocroyalement » dépeint dans les défections du septième art se résume alors en deux mots : manger et coucher. Et comme vivre est communément réduit à une quête de bonheur, notre monde prend l'aspect d'une société de morts-vivants qui ne cherchent qu'à alimenter la machine humaine, la faire bouger. La vie semble se limiter au mouvement. D'ailleurs le manque de foi au Dieu vivant tient probablement au fait que Lui ne « bouge » pas. Un Dieu immobile ? Inacceptable.

Pour notre monde moderne si subtil, saint Thomas d'Aquin, avec son premier moteur immobile, semble donner le bâton pour se faire battre. Étonnant que le Docteur Angélique ne fasse pas encore partie des références philosophiques incontournables de l'athéisme. Car « *je bouge, donc je suis* » apparaît clairement comme une règle de vie et nombreux sont ceux qui, aujourd'hui, préféreraient suivre un Messie se trémoussant en rythme à la fête de la musique, plutôt que ce Christ qui avance en silence vers sa mort pour donner la Vie. D'ailleurs de bonne foi (pardonnez le très mauvais jeu de mots), ses bourreaux au pied de la croix ont voulu le faire « bouger » et lui donner ainsi sa chance : « *Qu'il descende maintenant de la croix et nous croirons en lui !* » (Mt 27, 42).

« *Je bouge, donc je suis* »… Par conséquent plus je bouge, plus je vis. Pas étonnant que le centre de mon univers, mon nombril (encore lui), dût être secoué le plus possible. La danse – pardon la *dance*, prononcez « denz » – n'exprime plus rien, elle secoue, c'est tout. C'est un axiome de vie. Notre monde préfère un Orangina qui se boit en gesticulant avec frénésie que le Vin du Royaume éternel qui ne se reçoit qu'à genoux.

« *Je bouge, donc je suis.* » Nous sommes bien loin des mots tout simples mais eux réellement profonds « *J'aime, donc je suis.* »

Proclamer la mort de Dieu n'est en fait que la conséquence prétentieuse de l'illusion de soi. Un des drames de notre époque est donc bien d'avoir confondu bonheur et bien-être et de vouloir tuer Dieu pour s'adorer soi-même.

Notre monde a tellement peur de la mort qu'il veut l'amadouer en méprisant la vie.

Et les enfants des rues dans tout ce tohu-bohu? Embarqués dans le tourbillon de la mort adulée, ils n'en sont pas les acteurs, mais les victimes… ou plutôt les immolés sur l'autel du néant. La violence, la drogue, les larcins, la prostitution, autant d'expressions de cette mort qui les a pris sous sa coupe.

Cela peut paraître une succession de mots, il s'agit malheureusement de la description d'une réalité. Lorsque nous tâchons de discuter avec les enfants d'un groupe où tous cachent maladroitement leurs sacs en plastique remplis de solvant qu'ils respirent depuis des heures, nous sommes face à des zombies qui entendent sans entendre, voient sans voir. Ils bougent certes, mais au risque de secouer la sacro-sainte règle de vie citée plus haut, ils ne vivent pas. Ils sont morts.

Rien n'est plus ambitieux pour ceux qui travaillent auprès de ces enfants que de les ramener à la vie, rien n'est plus difficile que de leur faire faire le choix de la vie. Rien pourtant n'est plus essentiel, ni plus beau que cette résurrection ! « *Je prends aujourd'hui à témoin contre vous le ciel et la terre : je te propose la vie ou la mort, la bénédiction ou la malédiction. Choisis donc la vie* » (Dt 30, 19).

J'aime beaucoup cette histoire que rapporte Charles Péguy : « Un homme rencontre un ouvrier muni d'une pioche. "Que faites-vous ?" Lui demande-t-il. "Je creuse un trou." Plus loin, un autre ouvrier manie aussi la pioche. "Que faites-vous ?" "Je construis un mur." Un troisième larron porte des pierres. "Et que faites-vous ?" Demande le visiteur. "Je bâtis une cathédrale !..." .»

Ici c'est avec des petites pierres que nous avons la prétention de bâtir des cathédrales, tant les cœurs des enfants des rues sont abîmés et blessés, mais toutefois bien convaincus que Dieu se réjouit de chaque petite avancée, de chaque petit effort.

Je garde en mémoire la courte discussion que j'avais eue avec Liway, cette petite fille qui n'avait alors que 7 ans. À son arrivée, elle ne souriait jamais ce qui est très rare, car les enfants comme les adultes ont le sourire facile aux Philippines. Intrigué par le sérieux imperturbable de cette enfant, je lui avais demandé :

— *Liway, que puis-je faire qui puisse te rendre heureuse ?*

Et sans donner l'impression de vouloir se faire plaindre elle m'avait répondu :

— *Je ne sais pas, on ne m'a jamais appris...*

Depuis Liway a fêté ses 11 ans et elle a fait beaucoup de chemin. C'est une fille pleine de joie qui quitte très rarement son sourire enfin reconquis et a retrouvé les bancs de l'école. À une question similaire aujourd'hui, je suis bien convaincu qu'elle répondrait… « je sais ».

« *Combien d'âmes réellement vivantes dans ce grouillement d'être humains* » disait le trop perspicace Léon Bloy ; une citation qui convient très bien à tous ces enfants pour lesquels le plus grand défi que la vie invite à relever, est justement d'accueillir cette vie, ou plutôt de l'embrasser.

Or embrasser la vie consiste à renaître dans l'espérance. L'expression pourrait être bien mielleuse s'il n'y avait pas toute la souffrance qu'elle sous-entend ainsi que le combat mené dans les cœurs pour ne pas sombrer dans l'absurde du fatalisme. Les enfants choisissent la vie, lorsqu'enfin ils découvrent, en grattant la terre de leur cœur, cette semence d'espérance qui veut tant percer et se manifester avec l'éclat discret propre aux vertus théologales.

La petite fille espérance.

La flamme tremblotante
Immortelle espérance

« Je vois le soleil, et si je ne le vois pas, je sais qu'il luit.
Et savoir cela, c'est déjà toute la vie[1]. »

L'espérance.

Inutile de chercher plus loin la clé du mystère caché derrière les sourires authentiques des enfants des trottoirs car ils nous ont hissés jusqu'au sommet de nos petites considérations et nous font faire le plus beau saut : ce n'est pas celui de la foi, car jamais ils n'ont douté de Celui qui, Pauvre, ne les a pas abandonnés. Ce n'est pas non plus celui de l'amour, car jamais au fond de leur cœur, ne s'est atténuée cette soif qui transforme le mal en bien, la blessure en pardon.

C'est le saut de l'espérance, la vraie espérance... la « petite » espérance dirait Péguy ; non pas l'espoir humain d'un avenir qu'il faut construire plus supportable que leur déplorable passé, mais l'espérance divine dont les graines se plantent au présent et dont les fruits se cueillent dans l'éternité.

---

1. Fedor Dostoïevski, *Les frères Karamazov*, Folio classique 2655, Gallimard 1994, p. 744.

« *Une flamme tremblotante a traversé l'épaisseur des mondes. Une flamme vacillante a traversé l'épaisseur des temps. Une flamme anxieuse a traversé l'épaisseur des nuits*[2]. »

Espérer, c'est attendre, mais pas n'importe quelle attente. Nous attendons, impatients, le courrier apporté par le facteur, ou intrigués, la suite des ébats amoureux du feuilleton-poubelle de l'été ; nous attendons, oppressés, la paye à la fin du mois, et ennuyés, la fin de l'interminable cours de morale sociale de M. Védrine. Mais cette attente est stérile et n'a rien d'une espérance (même pas dans ce dernier cas, et pourtant…).

Le vrai choix de la vie, nous l'avons dit, réside dans l'élan de l'espérance, si bien symbolisé par l'ancre dans la Lettre aux Hébreux[3], « *immobilité attentive et fidèle* – dit la philosophe Simone Weil – *qui dure indéfiniment et que ne peut ébranler aucun choc*[4]. »

Et cet élan prend sa source au fond des tripes. Il partage en quelque sorte les mêmes racines que la miséricorde ou la compassion qui sont nées dans le « rakhanim », les entrailles, la matrice. Snobisme sémantique ou détail essentiel, l'espérance semble pourtant bien liée intimement à la compassion (cum-patior en latin signifie « je souffre avec ») ; la troisième vertu théologale est donc indissociable de la souffrance… encore elle.

---

2. Charles PÉGUY, *Le porche du mystère de la deuxième vertu*, Gallimard, 2002, p. 21.
3. Hb 6, 17-20.
4. Simone WEIL, *L'attente de Dieu*, Fayard 1984, p. 193… décidément, l'immobilité nous poursuit !

L'histoire de Marvin n'est pas une simple illustration de mes propos sans prétention mais plutôt un vrai témoignage, tant cet enfant nous édifie jour après jour.

Ce jeune adolescent de treize ans aujourd'hui, venait simplement de souffler ses dix bougies, lorsqu'il a été remarqué dans la rue par l'équipe des éducateurs qui arpentent tous les soirs les trottoirs de Manille à la recherche des gangs d'enfants des rues. Traînant dans un quartier du sud de Manille, près d'une station de métro, il était facile à repérer puisque lui ne marchait pas, il rampait : atteint de la myopathie de Duchenne, les muscles de ses membres s'éteignent petit à petit. Quelle aubaine en fait… assurément pas pour lui, mais pour ses parents qui avaient vite compris le filon. Invité à mendier sans avoir besoin d'exagérer son handicap, les pesos tombaient par dizaines, voire par centaines dans les petites menottes de Marvin qu'il avait encore, à l'époque, la force de tendre au nez du tout-venant.

Et c'est pourtant sans difficulté que les éducateurs ont su convaincre l'intéressé de quitter la rue pour rejoindre l'un des centres de la fondation.

Dès les premiers jours après son arrivée, Marvin impressionnait par sa joie et son sourire. Comme la plupart des encadrants, il m'était impossible de passer à côté de lui sans entendre : « *Merci mon Père, je t'aime mon Père* », comme si ces deux expressions jaillissaient ou plutôt surabondaient naturellement de son cœur. « *La bouche dit ce qui déborde du cœur* » (Mt 12, 34).

Ne croyez pas que ces mots étaient dits à la légère ou mécaniquement car du haut de ses dix ans, Marvin avait déjà une vraie maturité, fruit de son épreuve, sans aucun doute. En guise d'anecdote, je me souviens par exemple, de ce jour où il m'avait donné une définition étonnante du prêtre :

— *Mon Père* — m'avait-il dit plein d'assurance — *je sais qui est Jésus !*

— *Ah bon ? Et bien dis-moi qui est Jésus pour toi,* lui avais-je répondu amusé par le ton audacieux de son affirmation.

— *Jésus, c'est Celui dont les prêtres prennent soin.*

De quoi faire réfléchir les plus hauts dignitaires de l'Église ou ses plus insignifiants serviteurs comme moi !

Mais cette joie incroyablement contagieuse dont il rayonnait ne l'empêchait pas de souffrir de sa situation et bien souvent nos discussions revenaient sur la question du Mal ainsi que sur sa maladie. J'étais toujours très impressionné de la manière avec laquelle il abordait des sujets si difficiles car jamais nous ne pouvions déceler de rancœur ou de révolte de sa part. Il essayait de comprendre.

Et je me souviendrai toujours des mots qu'il m'a dits, il y a quelques mois, avant de fêter son treizième anniversaire.

— *Mon Père, je crois que j'ai compris maintenant. Ma maladie, c'est une mission que m'a donnée Jésus. Et chaque jour qui passe, lorsque j'ai mal, il y a du bien qui est fait quelque part dans le monde. En fait, il faut que je tienne, c'est tout. Il faut que je tienne jusqu'au bout… comme Lui.*

Avec ce « comme Lui », Marvin me donnait inconsciemment une clé pour comprendre le sens de l'Espérance. Dans son encyclique *Spe Salvi* , Benoît XVI affirme que « *la promesse du Christ n'est pas seulement une réalité attendue, mais une véritable présence[5]*. » Marvin va peut-être encore plus loin en assimilant l'Espérance à cette union impressionnante qu'il vit avec le Christ ; union qui le mène à ne plus subir sa souffrance mais à l'accueillir et la faire fructifier.

Marvin a treize ans. Il est en train de s'éteindre tout doucement. Nous assistons, impuissants et terrifiés, à son lent déclin tandis qu'il se prépare sereinement à paraître devant Celui dont il aura en partie porté la Croix. Marvin a choisi la Vie. Et sans cesse il dit « *merci* », sans cesse il dit « *je t'aime* ».

« *Le genre humain vit grâce à peu de gens ; s'ils n'existaient pas, le monde périrait* » (Pseudo-Ruffin). Cette courte citation résume très bien toute l'admiration que j'aie pour ce petit être qui occupera, sans l'ombre d'un doute, l'une des toutes premières places lorsqu'au Ciel débutera la grande Liturgie céleste. Quant à nous, hommes de peu de foi, d'espérance hésitante et de charité calculée, si nous sommes jugés dignes de l'intarissable clémence divine et pourtant bien imméritée, nous nous disputerons alors les strapontins du fond… « *Il n'y a qu'une espérance, qu'une confiance, qu'une ferme promesse, c'est votre miséricorde[6].* »

---

5. Benoît XVI, *Spe Salvi*, 8.
6. Saint AUGUSTIN, *Confessions*, GF-Flammarion 1964, ch. 32.

La deuxième vertu théologale est indissociable de la souffrance. En fait, il serait plus juste de dire qu'elle est indissociable de la compassion. C'est peut-être la raison pour laquelle l'ancre de l'espérance des enfants des rues de Manille ne ripe presque jamais. Car Marvin nous entraîne plus loin qu'une simple réflexion sémantique, la compassion, n'est plus uniquement « souffrir avec », mais bien la « Passion avec ». Il partage plus qu'une souffrance, il partage un plan, le dessein de Celui qui permet – sans la désirer – sa souffrance. « *Non pas comme je veux, mais comme tu veux* » (Mc 14, 36). Il vit une union dans la Passion jusque dans sa chair.

Récemment Marvin m'a dit ces mots édifiants qui reflètent la profondeur du don qu'il fait de lui-même au travers de sa maladie : « *Mon Père, pensez-vous que Jésus est heureux que je porte avec Lui sa Croix ?* » Simon de Cyrène, lui-même, aurait aimé la porter avec cette noblesse de cœur.

En 2005, j'ai vécu l'un des moments les plus terribles de ma vie en accompagnant trente-six heures d'affilée le jeune Angelo mort d'une infection foudroyante après avoir été peut-être mordu par un serpent en province. Nous n'avons jamais vraiment su la cause.

À ses côtés aux urgences avec un petit groupe d'encadrants de la fondation, en espérant que les médecins puissent trouver un remède miracle, puis quelque temps après, attendant derrière la porte du bloc opératoire en priant que les saints anges guident la main des chirurgiens qui tentaient d'enrayer l'infection, nous vivions une attente interminable. Après l'opération, en tant que prêtre, j'avais été accepté exceptionnellement dans la salle de réanimation. Les autres éducateurs, d'un dévouement inimitable, attendaient patiemment derrière la porte, avec grande anxiété, toujours prêts à rendre le plus petit service.

Angelo est resté conscient jusqu'à la fin, il luttait. À ses côtés quatre heures durant, je maudissais mon impuissance à soulager sa souffrance et j'essayais de trouver maladroitement des mots pour prier en lui administrant notamment les derniers sacrements. Supplications mêlées de larmes.

> « *Le voici maintenant dedans votre régence.*
> *Vous êtes Reine et Mère et saurez le montrer.*
> *C'était un être pur. Vous le ferez rentrer*
> *Dans votre patronage et dans votre indulgence[7].* »

Les derniers mots qu'Angelo m'a dits sont les suivants : « *Mon Père, j'ai soif* », puis il a fermé les yeux tout doucement. Il est mort en paix. Angelo a repris les mots du Christ, il a redit le « Sitio ». C'est l'Évangile qui se poursuit, la rédemption annoncée sur les lèvres sèches d'un enfant qui s'éteint. « *Si la vie présente ne nous sert à imiter notre grand Dieu humilié et crucifié*, écrivait saint Jean de la Croix, *elle est totalement inutile[8]* » et dans le *Cantique Spirituel*, il a ces mots très adaptés : « *Dieu et l'âme ne semblent plus être qu'une même chose, comme le verre et le rayon*

---

7. Charles Péguy, *La tapisserie de Notre-Dame*, Présentation de la Bauce à Notre-Dame de Chartres.
8. Saint Jean de la Croix, *Lettre 26* à la M. Anne de Jésus de Ségovie.

qui pénètre, le charbon et le feu qui l'enflamme, la lumière des planètes et celle du soleil qui les éclairent ne paraissent qu'un même corps[9]. » Comme ces paroles sont appropriées à notre bienheureux petit intercesseur !

Je me souviens d'ailleurs m'être fait la réflexion qu'Angelo nous quittait avec tout ce qu'il possédait matériellement : un short et un polo, c'est tout.

« *J'ai soif*. » Il avait effectivement la gorge sèche, son corps avait soif, mais ces quelques mots ne criaient-ils pas aussi – et surtout – la soif de son cœur, et à travers lui, l'aspiration des cœurs de tous ces enfants, leur soif inaltérable de vivre.

Amener les enfants à « choisir la vie », c'est donc les mettre sur un vrai chemin d'espérance ou plutôt sur le chemin de la vraie Espérance par l'imitation de Celui qui, seul, donne sens à leurs souffrances.

Voilà pourquoi la prière est assurément le plus fructueux don que l'on peut faire aux enfants car c'est demander pour eux la force de porter la « croix du désir », dirait sainte Catherine de Sienne, c'est-à-dire la grâce de faire la volonté de Dieu. Extérieurement, Marvin a tout pour se révolter, intérieurement il a tout pour rendre grâces. Et c'est ce qu'il fait ! Il n'a de cesse de dire « merci »…

La sainte de Calcutta avait des mots simples pour traduire ce que des enfants comme lui ou Angelo expriment à travers leurs vies : « *Nous ne devrions pas servir les pauvres comme s'ils étaient Jésus, nous devons les servir parce qu'ils sont*

---

9. Saint JEAN DE LA CROIX, *Le Cantique spirituel*, XVIIIe couplet, Le club français du livre, Paris 1956, p. 137.

Jésus. » « *Jésus vient nous voir* [...]. *Il vient à nous en ceux qui ont faim ou manquent de vêtements, ceux qui n'ont personne, les alcooliques, les prostitués, les mendiants des rues[10].* » Il est clair, effectivement, que Jésus nous parle au travers d'Angelo mourant dignement dans une salle de réanimation et qu'Il nous apostrophe au travers de Marvin assis noblement sur sa chaise roulante.

L'Espérance est le baume le plus doux et le plus puissant que l'on puisse appliquer sur une blessure du cœur.

Je désire donc reprendre pour terminer ce chapitre, une prière toute simple de Mère Teresa :

Ouvre nos yeux, Seigneur, pour que nous puissions Te voir en nos frères et en nos sœurs.
Ouvre nos oreilles, Seigneur, pour que nous puissions entendre les appels de celui qui a faim, froid ou peur, et de celui qui se sent opprimé.
Ouvre nos cœurs, Seigneur, pour que nous apprenions à nous aimer les uns les autres comme Tu nous aimes.
Donne-nous encore ton Esprit, ô Seigneur, pour que nous devenions un seul cœur et une seule âme en ton nom.
Amen.

---

10. Bienheureuse MÈRE TERESA, *Pensées spirituelles,* Mediaspaul, Paris 2000, p. 33.

Les consolations du Bon Dieu
La prière des enfants

« Il faut prier, non pour demander à Dieu ceci ou cela,
mais pour consoler Dieu[1]. »

La prière.

Il n'y a que les faibles qui ne savent pas se mettre à genoux. Si c'est une certitude que l'on acquiert bien vite en lisant la vie des saints – quels qu'ils soient – cela devient une évidence en côtoyant les enfants des rues de Manille. Non pas qu'ils chérissent plus que d'autres cette position immémoriale, mais la prière est pour eux un refuge, une force, une source.

« Quand tu pries, retire-toi au fond de ta maison, ferme la porte, et prie ton Père qui est présent dans le secret; ton Père voit ce que tu fais dans le secret: il te le revaudra. »

(Mt 6, 5-6)

S'agenouiller est une disposition du cœur avant d'être une position du corps et l'une des choses toutes simples qui m'émeut le plus, c'est de voir l'un de ces petits – les préférés du Bon Dieu – venir s'agenouiller dans la chapelle

---

1. Léon Bloy, cité par Gustave THIBON dans *L'ignorance étoilée*, Fayard, Paris 1975, p. 189.

et s'entretenir si innocemment avec Celui qui « *parle dans le cœur* », selon les mots du jeune Arjay.

« *C'est exactement comme un pauvre, dont les vêtements sont en loques et qui n'a pas mangé depuis trois jours : quand il paraît devant le roi, point n'est besoin qu'il dise ce qu'il demande. Ainsi David est devant Dieu, c'est lui-même qui est la prière.* » Ces mots d'un sage[2] sont très appropriés à la scène dont nous sommes souvent témoins. « Ainsi les *enfants* sont devant Dieu », pourrions-nous dire pour les adapter légèrement à ces moments où les enfants restent silencieusement devant le tabernacle de la chapelle, exprimant le fond de leurs cœurs avec les mots innocents propres à l'enfance, parfois aussi par un simple silence ou des larmes discrètes.

Je ne sais pas ce qu'il se passe entre le Cœur du Bon Dieu et ceux de ces plus petits, je sais seulement que c'est merveilleux…

Intoy a seize ans aujourd'hui, il en avait huit lorsqu'il n'eut d'autres solutions que de fuir le foyer familial et se réfugier dans la rue. Il venait de perdre sa maman à cause d'une maladie foudroyante et son beau-père lui faisait vivre un vrai martyre. Intoy garde des traces indélébiles sur son visage des souffrances qu'il a endurées : des marques de cigarettes, des lacérations. Il garde surtout malheureusement cette colère au fond des tripes qui entraîne des réactions que, de ses propres mots, il aimerait tant contrôler : des accès de colères, des violences physiques, des désirs

---

2. Mots de Rabbi Bounam repris par Fabrice Hadjadj, *Réussir sa mort*, Presses de la Renaissance, Paris 2005, p. 124.

irrépressibles de s'imposer, d'être le maître, le chef, le plus fort...

Ses premières semaines à la fondation furent des plus instables. Intoy retournait dans son groupe de rue régulièrement, au sud de Manille, et récidivait dans ses habitudes anciennes : respirer du solvant, voler, se battre... se vendre. Un cycle infernal pour lequel il n'imaginait plus de fin. Ses courts séjours à la fondation ne semblaient être que de vaines et stériles parenthèses. Il ne venait se refaire une santé que pour mieux l'anéantir ensuite.

Lors d'un passage au centre d'accueil, une discussion fut peut-être un vrai tournant pour lui, il avait treize ans.

— *Tu es peut-être fort Intoy, tu es peut-être un vrai caïd, mais c'est vrai pour les autres, cette façade que tu montres, non pas pour toi-même. Tu n'es pas assez fort pour prendre ta vie en main et changer radicalement. Tu n'es pas assez fort pour choisir le bien.*

Probablement piqué au vif, Intoy était pris à son propre jeu :

— *Si ! Je le peux*, nous dit-il en forme de provocation, *et je vais vous le prouver, je le promets.*

Depuis notre caïd n'a plus jamais quitté la fondation. Il est déjà diplômé d'école élémentaire, malgré plusieurs années de retard scolaire et continue avec courage d'étudier à travers les périodes incontournables d'intenses découragements qu'il sait surmonter avec l'aide des éducateurs philippins.

Très souvent, je le vois approcher victorieux et me répéter sans se lasser avec un sourire malin : « *Vous voyez, mon Père, je tiens ma promesse !* »

Il y a deux ans, le jour de son anniversaire, Intoy est venu me voir et d'un ton audacieux me dit :

— *Mon Père, c'est mon anniversaire, aujourd'hui, il faut donc que j'aie un cadeau, n'est-ce pas ? Mais ne vous en faites pas, mon souhait est assez simple…*

— *Dis toujours…* lui dis-je, à vrai dire un peu méfiant.

— *Et bien, voilà, j'aimerais que vous m'emmeniez à la chapelle, j'aimerais dire quelques mots à ma maman.*

Je suis resté sans voix et je l'ai accompagné tout en me demandant d'ailleurs ce qu'il voulait faire exactement.

Intoy s'est agenouillé.

Je me suis assis sur une chaise à l'arrière et je l'ai entendu prier à haute voix. Il s'adressa d'abord à Jésus dans des mots tout simples, confiant particulièrement sa famille ainsi que ses camarades de la fondation, puis sans transition, comme s'il respectait un temps défini pour chacun de ses « correspondants du Ciel », coupa court son entrevue avec la seconde Personne de la Trinité :

— « *Bon, Jésus, si vous permettez, je voudrais parler à maman.* »

Et voilà notre caïd, un dur-de-dur redouté par la plupart des jeunes, qui se mit à discuter avec sa maman et lui exprima tout son amour, toute sa douleur, laissant couler abondamment ses larmes. J'avais, quant à moi, bien du mal à retenir les miennes.

Groupe d'enfants des rues de la fondation pendant le camp d'été.

L'âge moyen des enfants de la rue a considérablement baissé, il arrive de rencontrer des enfants de moins de 5 ans livrés à eux-mêmes.

Jeune garçon chiffonnier de « la Montagne fumante ». Ces enfants marchent sans protection au milieu des ordures.

Les enfants incarcérés sont nombreux. Parfois mêlés adultes, les abus sont nombreux.

Cette photo est très significative de l'état de désespoir dans lequel l'enfant se trouve : il choisit d'aller mettre son carton dans le caniveau pour aller s'endormir au milieu des poubelles.

Gloria Recio est l'assistante de direction de la fondation. Remarquablement dévouée, elle est chargée des programmes des bidonvilles et de la décharge.

Petite fille sur la décharge. Les enfants, bien souvent, ne connaissent que cet environnement. Ils y dorment, ils y mangent, ils y jouent et s'y lavent.

Les filles sont moins nombreuses dans la rue que les garçons mais elles sont en danger immédiat de prostitution.

Ruel est un jeune de 14 ans, impliqué dans un gang.
On aperçoit son tatouage de reconnaissance au poignet.
Cela ne l'empêche pas de redevenir un enfant comme les autres !

À la rencontre des enfants chiffonniers de la décharge.

Enfant sniffant du solvant en face de la grande poste
de Manille en plein centre-ville.
On aperçoit sur son épaule le tatouage du gang des « Bahala ».

Les enfants accueillis dans les différents centres de la fondation
participent aux tâches quotidiennes.

Le lien entre les enfants et la Très Sainte Vierge Marie n'est pas étonnant, eux qui ont tant besoin d'une mère.

Marvin promené pendant le camp d'été.

Enfant bénéficiant du soutien scolaire dans les bidonvilles.

Reynald, 18 ans aujourd'hui, dont 12 passés dans la fondation.

Enfant des bidonvilles bénéficiant du programme de nutrition. Un enfant sous-alimenté aura besoin d'un suivi régulier pendant près de 5 ans, d'où la nécessité de former aussi les mamans.

Adoration eucharistique organisée sur la « Montagne fumante » dans le centre de la fondation.

À la rencontre des enfants des rues, une nuit, avec les éducateurs.
Aujourd'hui plus d'une cinquantaine de lieux sont couverts par la fondation.

Intoy m'a dit récemment qu'il avait deux rêves : le premier de devenir marin et le second que ses propres enfants ne souffrent jamais ce qu'il a enduré.

Saint Jean de la Croix dit dans ses *Maximes spirituelles* que « *Dieu entend seul le langage de l'amour et du cœur[3]* ». Ces mots simples expliquent en une ligne la complicité évidente que la plupart des enfants des rues entretiennent avec le Pauvre, privilège de l'enfance spirituelle. Ces mots du Docteur de l'Église expriment sans verbiage les larmes d'Intoy.

> « *Pour moi, dit Dieu, je ne connais rien d'aussi beau dans tout le monde*
> *Qu'un gamin d'enfant qui cause avec le bon Dieu*
> *Dans le fond d'un jardin ;*
> *Et qui fait les demandes et les réponses (c'est plus sûr) ;*
> *Un petit homme qui raconte ses peines au bon Dieu le plus sérieusement du monde,*
> *Et qui se fait lui-même les consolations du bon Dieu.* »

Charles Péguy, Le mystère des saints innocents

La prière des enfants est sans aucun doute l'arme spirituelle la plus puissante et la plus pure : puissante parce que le cœur du Bon Dieu privilégie leur intercession ; pure parce que les enfants ne multiplient pas les paroles pour demander. Ils sont là, c'est tout. Ils offrent leur présence. Nous aimerions, nous, que le Dieu tout-puissant soit à

---

3. Saint Jean DE LA CROIX, Maxime 65 dans *Le cantique spirituel,* Le club français du livre, Paris 1956, p. 233.

chaque instant disponible, ils chérissent, eux, d'être disponibles à chaque instant pour le Dieu tout-Amour.

Quand donc comprendrons-nous, avec eux, que dans la prière il ne s'agit pas de beaucoup parler, mais de beaucoup aimer ? « *J'ai soif* » disait Angelo avant de rejoindre le Ciel. Il n'est pas difficile de lire derrière ses mots, comme ceux du Christ en Croix, sa soif inaltérable d'amour. Ses derniers mots étaient une prière.

J'avais entendu un prêtre au séminaire donner des repères un peu naïfs mais efficaces pour aider les enfants à prier. Il proposait plusieurs points qui structuraient une vraie discussion avec Dieu. Les enfants commençaient par dire bonjour, puis pardon. Ils Le remerciaient, Le louaient, exprimaient leurs intentions puis promettaient avec Son aide de faire de leur mieux pour progresser.

J'avais alors été surpris de constater qu'en France, les enfants n'avaient pas de difficultés à exprimer leurs intentions mais montraient peu d'entrain pour remercier ou louer. Ici nous constatons l'inverse : les enfants ne tarissent pas de remerciements, mais ne savent pas très bien quoi demander…

La prière des enfants est pure. Elle est aussi ce temps où le pardon, prélude à toute vraie espérance, naît et s'accomplit.

« *Si donc tu présentes ton offrande à l'autel, et que là tu te souviennes que ton frère a quelque chose contre toi, laisse là ton offrande devant l'autel, et va d'abord te réconcilier avec ton frère* » (Mt 5, 23-24).

Ces deux versets que l'on écoute avec une attention soignée mais que l'on ignore avec une mauvaise foi tout aussi minutieuse sont pourtant l'illustration de ce que la prière exige.

Je m'étais souvenu de cette exhortation du Christ lors d'une altercation violente entre deux jeunes du centre d'accueil : Arjhiff et Jayson en étaient venus aux mains pour une bête histoire de jeu dont la tournure avait déplu à l'un et irrité l'autre. Après quelques explications en présence des éducateurs, les deux antagonistes semblaient avoir retrouvé leur calme.

Mais quelques minutes plus tard, ils avaient disparu l'un comme l'autre. Impossible de savoir où nos deux lascars s'étaient cachés et personne ne pouvait s'empêcher de redouter un règlement de compte.

En définitive ils réglaient bien leurs comptes, toutefois non pas l'un contre l'autre, mais l'un à côté de l'autre ; non pas les poings serrés, mais les mains jointes puisque nous les avons retrouvés ensemble à la chapelle. Ils voulaient demander pardon ensemble, régler leurs comptes avec le Bon Dieu.

Le pape Benoît XVI écrit dans son premier volume sur Jésus de Nazareth : « *Seul l'homme réconcilié avec Dieu peut se réconcilier et être en harmonie avec lui-même, et seul l'homme réconcilié avec Dieu et avec lui-même peut faire œuvre de paix autour de lui et la propager à travers le monde entier*[4]. »

---

4. Benoît XVI, *Jésus de Nazareth* t. 1, Flammarion, Paris 2007, p. 106.

Nous l'avons dit, les enfants sont témoins de l'amour, ils sont hérauts de l'espérance, les voilà désormais messagers de paix.

Ernest Hello disait que « *la gloire de Dieu, c'est de céder à la prière des hommes[5]* ». Comme notre prière doit alors être respectueuse ! Comme elle doit être pure et belle, digne de Dieu ! Comme elle doit être pleine d'amour !

« *Il n'y a rien de si grand que deux mains qui se joignent[6].* »

---

5. Ernest HELLO, *Paroles de Dieu*, Millon, Paris 1992, p. 210.

6. Charles Cardinal JOURNET, *Comme une flèche de feu*, Foi Vivante, Le Centurion 1992, p. 46.

Le sang de l'âme
Larmes de paix

*«Les larmes disent des secrets
que la parole ne peut dire[1]. »*

Larmes de paix.

Il apparaîtra peut-être étonnant pour certains que la paix soit ici associée aux larmes et pourtant rien n'est plus apaisant pour les cœurs blessés de ces enfants que de laisser enfin couler de vraies larmes sur leur passé.

Ces larmes sont un mystère : de lourdes gouttes qui dégoulinent sans discontinuer et semblent provenir du fond de leurs entrailles. Sainte Rose de Lima affirmait, paraît-il, qu'elles appartiennent au Bon Dieu. Elles sont en tout cas assurément précieuses à ses yeux.

« *Ceux qui sèment dans les larmes, moissonneront dans la joie* » (Ps 126, 5).

Quoi qu'il en soit et bien qu'il soit inévitable d'avoir un nœud au ventre en voyant un enfant verser de chaudes larmes devant soi, nous nous réjouissons souvent de voir pleurer les « caïds de Manille ». Je ne parle évidemment ni de pleurnicheries ni de lamentations, mais bien d'un vrai

---

1. Ernest HELLO, *Paroles de Dieu*, Millon, Paris 1992, p. 210.

sanglot, celui qui laisse couler, le plus souvent silencieusement, les perles du cœur ou plutôt ses épines.

La plupart du temps, en effet, l'émotion qu'exprime ainsi l'enfant est le prélude à une paix intérieure véritable qu'aucun discours n'éveille, qu'aucun geste ne suscite. C'est le mystère des larmes, « *le sang de l'âme* » disait saint Augustin. L'expression est belle car elle associe aux larmes en même temps la souffrance et la vie. Nous nous souvenons que le saut le plus merveilleux qu'un enfant de la rue puisse faire, après tout ce qu'il a enduré, consiste à choisir la vie (Dt 30, 19), à désirer vivre à nouveau. Les larmes sont alors la plus belle manifestation de ce choix ; elles sont l'écho de leur résurrection.

« *Les larmes disent des secrets que la parole ne peut dire* », disait si justement Ernest Hello. Elles expriment la souffrance que le cœur n'arrive plus à porter, l'émotion qu'il ne domine plus, la joie qu'il ne contient plus, le pardon qu'il veut crier et l'amour qui déborde. Les larmes sont le cri silencieux du cœur et font éclore des germes de paix.

Felipe illustre bien la puissance étonnante de cette clameur muette.

Second d'une famille éclatée comptant cinq enfants, Felipe est un enfant abandonné. Comme la plupart des enfants laissés pour compte, il aurait voulu aseptiser la souffrance causée par l'insouciance de sa maman sous de multiples raisons plus ou moins valables. Mais dans son cas il ne pouvait pas. Tout était malheureusement trop clair. Il avait vécu de la part de sa mère un rejet manifeste et inexpliqué alors que sa famille prévoyait de retourner en province pour quitter l'enfer de la capitale philippine. Pour des raisons obscures, elle avait choisi quatre enfants, et en avait laissé un, volontairement. Felipe était évincé du foyer familial. Il n'avait que onze ans et ne comprenait pas. Il n'a jamais compris. Il n'y avait rien à comprendre.

Réfugié temporairement chez une grand-mère d'adoption, il suit alors le chemin de beaucoup d'autres de ses compagnons d'infortune. Il s'enfuit et connait le poison de la rue pendant plusieurs semaines avec un gang au nord de Manille.

Grâce au travail efficace des éducateurs de rue, Felipe rejoint finalement la fondation et s'intégre sans trop de difficultés au groupe des enfants déjà recueillis.

Mais il a une obsession : sa maman.

Quelles que soient les discussions que l'on peut avoir avec lui, il revient sans cesse à cet espoir invraisemblable de ne vivre qu'un mauvais cauchemar : elle ne l'a pas abandonné. Ce n'est pas envisageable pour son cœur d'enfant. Une maman est faite pour aimer, c'est tout. Elle allait revenir très bientôt, le serrer dans ses bras et l'emmener avec elle. Ce tourment le dévore, mais il ne le montre pas. Intérieurement, nous le sentons souffrir atrocement, mais extérieurement il sauve toujours les apparences en laissant croire à ses camarades qu'il est désormais indifférent. Il ferme son cœur.

Pourtant cette idée fixe est comme un virus qui le ronge et son attitude s'en ressent fortement dans le centre ainsi qu'à l'école, où il adopte des comportements de plus en plus provocants. Et comme pour se convaincre qu'il est coupable de son abandon, Felipe n'a plus qu'un but : être rejeté.

En deux années terribles, il a connu six écoles différentes, des transferts dans plusieurs centres et une petite quinzaine d'allers et retours dans la rue. Et quelles que soient les discussions ou les réprimandes, il emploie avec arrogance la technique du coquillage qui consiste à ne pas prononcer un mot et attendre que cela passe...

Jusqu'au jour où après une énième bêtise, je me retrouve face à lui pour essayer de le raisonner sans espoir réel puisque toutes nos dernières tentatives étaient restées infructueuses. Pendant le monologue habituel, Felipe garde infatigablement la tête baissée pour attendre la fin du discours. Puis le voilà qui redresse le menton et me dit avec un regard sévère, comme s'il voulait entendre l'impossible : « *Je veux retourner dans ma famille en province.* » Puis il baisse à nouveau la tête.

Il ouvre une brèche. Je m'y engouffre et peux lui parler ouvertement de sa situation et de sa famille. J'essaie tant bien que mal de le raccrocher à la réalité, douloureuse mais libérante.

Silence...

Puis j'aperçois de lourdes gouttes tomber sans un bruit. Des larmes que nous attendons depuis des années. Des perles enfouies, contenues, écrouées depuis tout ce temps dans la prison de sa blessure qui s'échappent enfin. Elles ne coulent pas, elles s'envolent.

« *J'ai entendu ta prière, j'ai vu tes larmes. Et je vais te guérir...* » (2 R 20, 5).

Puis il parle comme je ne l'ai jamais entendu parler. Il crie avec les mêmes mots sa souffrance et son désir de vivre. Ses larmes ont déverrouillé son cœur.

Enfin.

Le combat est loin d'être terminé car Felipe a gardé jusqu'à aujourd'hui un rythme assez soutenu de bêtises (et Dieu sait qu'il ne manque pas d'imagination!), mais plus jamais nous n'avons expérimenté ce mur qui semblait le séparer du reste du monde.

Nous l'avons même entendu dernièrement faire le plus beau compliment à l'adresse de tous ceux qui l'ont accompagné sans se décourager pendant ces mois terribles: « *Aujourd'hui*, nous a-t-il dit, *je sais que je suis aimé.* »

Et j'ai pleuré.

L'épreuve du temps
La persévérance

« Notre affaire n'est pas d'arriver
mais de persévérer[1]. »

La persévérance.

Sainte Jeanne d'Arc l'appelait l'épreuve du temps et exhortait l'âme *« à durer devant son Dieu, et à tenir dans la foi et la nuit »*. C'est probablement dans ces mots simples de la jeune combattante que se situe le défi phénoménal que doivent relever les enfants des rues. La tentation de se décourager est omniprésente car nos petits caïds avancent de chutes en chutes, de relèvements en relèvements et rien n'est jamais acquis.

Il y a les tentations de la rue, les lourdeurs du quotidien, les pulsions nées de leurs blessures, les tristesses incontrôlables, et surtout le manque terrible de la famille. Alors bien souvent l'enfant reste et restera fragile.

Combien de fois les éducateurs convaincus que tel jeune s'était enfin réellement détaché de son gang parce qu'il montrait à la fondation des signes forts de stabilité, se sont pourtant heurtés à un incompréhensible retour dans la rue ? Combien de fois les assistantes sociales, ayant

---

1. Victor-Alain BERTO, *Le cénacle et le jardin*, DMM 2000, p. 81.

essayé tant bien que mal de favoriser le retour en famille de tel autre, ont constaté douloureusement l'échec d'une réconciliation?

Pourtant il est évident qu'à l'homme fièrement debout, Dieu préfère sans aucun doute celui qui, humblement, se relève; au succès, la loyauté. Nous confondons souvent « fruits » et « résultats », mais les fruits que Dieu attend proviennent d'un arbre qui s'appelle « fidélité », non pas des ronces du succès.

Bien souvent, lorsque l'occasion se présente en France de parler du travail de la fondation, certaines personnes aimeraient légitimement connaître les réussites concrètes et quantifiables: combien de médecins, d'avocats, d'enseignants? Combien de jeunes mariés, de papas, de mamans? Combien de vocations, de jeunes qui reviennent à la fondation pour aider l'œuvre ? Encore ce détestable besoin actuel d'être « consacré » par les statistiques.

Les victoires des enfants se situent pourtant sur un autre plan. Bien que ces questions soient effectivement le reflet de nos rêves d'avenir pour chacun des jeunes ici, la réalité est toute autre. La plupart des enfants ne connaîtra probablement pas une situation sociale et matérielle bien différente de celle qu'ils ont toujours connue, pourtant ils quitteront la fondation transformés au fond de leur être. C'est le cri du cœur de Felipe, malgré son caractère bien affirmé: « *Aujourd'hui, je sais que je suis aimé.* » Ce sont les « *merci* » et les « *je t'aime* » de Marvin. C'est aussi le « *je le peux* » d'Intoy.

Les enfants se battent d'abord et avant tout contre eux-mêmes et la persévérance avec laquelle ils se relèvent après chaque chute est édifiante. Leurs victoires ne sont pas d'abord des victoires pour l'avenir, mais des victoires pour l'éternité, et seuls ceux qui vivent réellement au présent peuvent le comprendre.

« *Nous mettons notre orgueil dans nos détresses mêmes, sachant que la détresse produit la persévérance, la persévérance, la fidélité éprouvée, la fidélité éprouvée, l'espérance et l'espérance ne trompe pas* » (Rm 5, 3-5).

La persévérance produit la fidélité éprouvée. Selon l'évangéliste saint Matthieu, le Seigneur ne dit pas « *tu as été rentable […] je te confierai de plus grands biens* », mais bien « *tu as été fidèle* » (Mt 25). La fidélité est assurément une clé de lecture de tous les évangiles, une porte du Paradis. Le plus dur n'est pas de répondre « oui » à sa vocation mais de dire « oui » tous les jours. Le plus dur n'est pas d'aller où Dieu nous demande d'aller mais d'y rester. Le plus dur, pour ces enfants, n'est pas de quitter la rue, mais de ne pas y retourner.

Mike est probablement l'un des jeunes les plus imprévisibles et étonnants que j'ai connus. Il ne payait pas de mine lorsqu'il est arrivé au centre d'accueil. Allant sur ses treize ans mais n'en paraissant pas plus que dix, petit et menu, il semblait pourtant craint et respecté par ses camarades, même les plus grands.

« *C'est un commando* » me dit l'un de ses camarades à mi-voix, comme s'il me révélait un secret. Cela signifiait que Mike, très jeune, avait été intégré dans l'un des

gangs les plus terribles de la capitale sévissant sur un grand
marché du centre de la ville. Effectivement il avait trois
tatouages ostentatoires qui rappelaient son appartenance
au groupe des « Commandos » : le plus gros sur le genou
représentant un dessin de chat sauvage, emblème du gang
avec une devise explicite : « *fais-le ou meurs* » ; le deuxième
sur l'épaule, une croix gammée ; le dernier sur la main, son
numéro ; il n'était plus pour eux « Mike », mais le numéro
vingt-deux. Il avait donc subi une véritable initiation qui
le plaçait au rang de ceux qui ne craignent rien, ce que
nous avons pu vérifier plus d'une fois.

Étonnamment vif intellectuellement, bien qu'il ait
arrêté sa scolarisation à l'âge de neuf ans, Mike s'était
pris au jeu de la remise à niveau scolaire dispensée dans le
centre d'accueil afin de préparer les enfants pour un éven-
tuel retour à l'école formelle. Il se mit à rêver ; et ses projets
d'avenir étaient aussi nombreux qu'ambitieux.

Après plusieurs mois de travail patient et d'écoute de
la part des éducateurs de la fondation, Mike semblait
miraculeusement se stabiliser. Il a même commencé des
sessions chez un dermatologue pour effacer ses tatouages,
non pas tant pour lui faire retrouver une peau de bébé,
mais plutôt symboliquement pour marquer la séparation
définitive avec son ancien gang. Il semblait bien que nous
étions en train de gagner la partie.

Mais chaque jour est une victoire, ce qui signifie que
chaque jour est avant tout un combat, dont le plus ardu
est celui de notre propre liberté. « *Le grand mystère de la*

liberté personnelle est que Dieu lui-même, fait halte devant elle », disait sainte Édith Stein.

Après sept mois, sans aucune raison apparente, Mike est parti.

Nous avons espéré dans un premier temps qu'il faisait simplement une visite en famille car il en parlait beaucoup depuis plusieurs jours, mais c'est malheureusement bien son lieu de rue qu'il a rejoint... Il n'a pas résisté à l'appel des trottoirs de Manille.

Seulement la chute est indéniablement plus rapide que la lente et dure ascension ; et les sept mois passés dans le centre à se battre pour quitter ses habitudes de rue ont été anéantis en un seul jour. Mike a été immédiatement harponné par ses anciens équipiers. Quelques jours ont suffi pour qu'il soit à nouveau tatoué sur la cuisse et qu'il retrouve son rôle et son numéro dans l'organisation pernicieuse de la bande.

Ce fut extrêmement douloureux d'assister à sa dégringolade : il se mit de nouveau à « sniffer », à voler et passait ses journées à rechercher des victimes à détrousser, avec l'aide de ses compagnons d'infortune.

Le dévouement des éducateurs a permis de ne jamais l'abandonner et de guetter le moment favorable pour tenter de lui faire à nouveau quitter cet enfer. Après des semaines de travail infatigable, grâce à la persévérance de l'équipe, Mike s'est enfin décidé à tenter de nouveau l'aventure... contre lui-même.

Quelques semaines après son retour, il avait eu cette réflexion remarquable à propos de son combat intérieur, combat qui ne cesse jamais, et auquel il faut opposer une exigeante persévérance : « *C'est vraiment dur de tenir* – disait-il – *mais avec l'aide de Dieu, je sais que personne ne peut me faire chuter, à moins que je ne lâche prise moi-même* »…

Aujourd'hui, Mike se bat.

Il faudrait que les mots sortis du cœur de ce jeune vraiment déterminé, deviennent plus qu'une simple anecdote et nous encouragent tous à tenir ferme dans l'espérance, à commencer par tous ceux qui, dans le cadre de la fondation, accompagnent des jeunes comme Mike. Car s'il faut bien avouer que nous vivons souvent, nous aussi, de grands moments de découragements, leurs exemples stimulent et nous aident à aller de l'avant malgré les épreuves.

« *Par votre persévérance, vous sauverez vos âmes* » (Lc 21, 19) nous dit l'évangéliste saint Luc et il s'agit bien de cela ! N'en déplaisent à ceux qui font de l'urticaire à chaque fois que sont prononcés en chaire des mots trop hiératiques à leur goût, c'est bien notre âme qui est en jeu, ce « *sanctuaire d'une ampleur infinie* » (saint Augustin). Le mot âme ne vient-il pas du latin « anima » qui signifie aussi « souffle » ? Il convient donc parfaitement à ces petites âmes qui étouffent !

Sainte Édith Stein a une belle expression : « *L'homme éclôt de son âme, qui forme le fond de son être* ». Principe de vie, terreau de résurrection, les enfants aspirent effectivement à cette éclosion. Et de leur âme trépignante se profile l'efflorescence de l'amour qu'ils veulent tant offrir au monde… D'où cette soif incommensurable de vivre et d'aimer, ou plutôt de vivre *pour* aimer ce qui est une forme de redondance. Ils répondent ainsi parfaitement, malgré les noirceurs du passé et les fragilités du présent, à ce que Dieu attend d'eux : se relever fidèlement après chaque chute.

Germes de saints.

La symphonie des petits actes
Sainteté des enfants

« Il n'y a qu'une tristesse, c'est de n'être pas des saints[1]. »

La sainteté.

« Les saints sont à l'Évangile ce que la musique jouée est à la musique notée !» disait saint François de Sales. Par conséquent, en me permettant une légère adaptation de l'image du saint évêque, les cœurs des enfants des rues de Manille aussi différents soient-ils, forment un orchestre symphonique prestigieux. L'allégorie d'ailleurs a du sens, car du triangle discret à la grosse caisse tonitruante, en passant par le bouleversant violon, les instruments peuvent correspondre aux caractères singuliers de chaque enfant. Leur unique devoir est alors de vibrer harmonieusement, selon leurs vocations propres… Nous pouvons même abuser de la métaphore au point de comparer le délicat travail de ceux qui les encadrent à celui tout aussi subtil du chef d'orchestre qui doit savoir encourager, susciter, porter.

Et pourtant la sainteté diffère fondamentalement de ce trop simple rapprochement musical car elle est d'abord et avant tout silencieuse, effacée. Les enfants nous l'apprennent tous les jours. Il est assurément faux de croire, par

---

1. Léon Bloy, *La femme pauvre*, La part commune 2005, p. 429.

exemple, que la Bienheureuse Mère Teresa se voit attribuer des mérites de sainteté uniquement grâce à l'œuvre immense qu'elle a entreprise. Il est plus probable que ce qui l'a portée efficacement à la gloire des autels soit bien la succession des petits gestes d'amour discrets posés chaque jour, les actes d'abandons secrets effectués quotidiennement, les sacrifices sans ostentation qu'elle a choisis maintes fois.

Ce sont ces mêmes gestes, ces mêmes actes et ces mêmes sacrifices que les enfants font sans bruit et la plupart du temps sans réaliser qu'ils « *amassent des trésors dans le Ciel, où la teigne et la rouille ne détruisent point, et où les voleurs ne percent ni ne dérobent* » (Mt 6, 20).

Lors d'une fête de Noël, nous avions réuni tous les enfants d'un centre pour célébrer ensemble, dans une ambiance aussi familiale que possible, la naissance de l'Enfant Jésus. Il s'agit habituellement d'un simple repas et de la tant attendue distribution de cadeaux pour les enfants. Je suis d'ailleurs toujours impressionné de la manière avec laquelle ils accueillent avec un émerveillement sincère le simple et unique présent, très symbolique, que nous faisons à chacun : un nouveau short ou un polo, souvent un petit jeu pour les plus jeunes. Nous aurions beaucoup à apprendre de cet émerveillement perdu dans nos pays occidentaux.

Ce jour-là, Faustino fêtait son deuxième Noël dans la fondation. Il avait dix ans et venait d'ouvrir son petit cadeau avec l'excitation exacerbée d'un enfant de son âge.

C'était le jeu tout simple qu'il avait demandé. Il se montrait comblé et ne cessait de remercier.

Alors que nous admirions les différents groupes d'enfants exécuter des danses et des chants de Noël pour l'occasion, deux jeunes enfants chiffonniers et leurs parents passèrent près du portail de la fondation en poussant leur carriole en bois. Attiré par la musique, l'un d'eux passa la tête et regarda avec un air envieux la fête qui se déroulait. Pour lui, c'était un jour comme les autres. Fête ou pas fête, il fallait arpenter avec ses parents les rues de Manille à la recherche de matériaux divers à revendre. La survie ne s'autorise aucune pause.

Voyant cela, je me suis dit avec sincérité que nous étions finalement très impuissants. « *On ne peut pas aider tout le monde* », pensai-je. Ces quelques mots suffisaient à apaiser ma conscience gênée par le regard triste de l'enfant.

Faustino, lui, ne s'est pas demandé s'il pouvait aider « tout le monde », mais comment aider celui-ci qui était devant lui. Sans dire un mot, je l'ai vu approcher du portail et donner son cadeau tout neuf, son unique jouet, à celui dont il avait partagé la condition il n'y a pas si longtemps.

Il a ensuite arboré un sourire qui montrait qu'il était profondément heureux… heureux d'avoir donné. Voyant que j'avais suivi toute la scène, il s'est alors approché de moi et m'a dit naturellement : « *Le pauvre, il n'a rien, lui* » puis il a rejoint ses amis pour continuer la fête.

Le plus pauvre était peut-être cet enfant chiffonnier qui ne goûtait pas les joies de Noël, mais le plus misérable c'était bien moi qui n'avais pas su saisir l'opportunité d'aimer et qui se réfugiait encore et toujours derrière de multiples excuses qui – derrière une apparence recevable – crient notre médiocrité.

Quant au plus riche, c'était évidemment Faustino qui mettait en pratique les conseils répétés par des générations de saints : plus vous donnez, plus vous recevez.

Être héroïque dans l'instant et fidèle dans la durée, voilà la sainteté. Il s'agit de poser des actes qui aient valeur d'éternité, or la porte de l'éternité se situe au présent, sans l'ombre d'un doute. Il ne s'agit donc pas d'aimer « tout le monde », mais d'aimer celui qui est devant moi, ici et maintenant… même (ou plutôt surtout) si c'est mon ennemi.

La sainteté n'attend ni dix minutes, ni la fin de notre vie sur terre, elle s'accomplit à chaque instant. Comme le pèlerin de Pentecôte qui avance péniblement mais avec persévérance, comptant chacun de ses pas avec détermination, pour atteindre la cathédrale de Chartres qu'il aperçoit depuis longtemps déjà, arpentant les champs incommensurables de la Beauce. « *Courez de manière à l'emporter* » (1Co 9,24). La sainteté devrait être une « obsession spirituelle ».

Toutefois, et contrairement à ce que l'on colporte habituellement, le Bon Dieu ne s'attardera pas, au jour du jugement, sur ce que nous avons fait dans le passé, mais sur ce que nous sommes dans le présent. Certains objecteront légitimement que nous sculptons notre être par nos actes, ce qui est partiellement vrai, mais le Bon Dieu laisse ainsi la porte ouverte à de vraies et profondes conversions, comme le grand saint Paul ou l'impressionnant Bienheureux Charles de Foucauld.

« *Un voleur condamné – et lui seul – a jamais entendu, en ce monde, une voix lui donner cette assurance : "Ce soir tu seras avec Moi au Paradis²"*.

D'ailleurs la sainteté ne se gagne pas, mais s'accueille. Après avoir compris cela, chacun reste terrifié par l'abandon que cela demande, mais surtout émerveillé par l'amour paternel que cela signifie.

Je retranscris ici la si belle image de sainte Thérèse de l'Enfant Jésus pour illustrer cette idée :

« *Vous me faites penser au tout petit enfant qui commence à se tenir debout, mais ne sait pas encore marcher. Voulant absolument atteindre le haut d'un escalier pour retrouver sa maman, il lève son petit pied afin de monter la première marche. Peine inutile ! Il retombe toujours sans pouvoir avancer. Eh bien, consentez à être ce petit enfant ; par la pratique de toutes les vertus, levez toujours votre petit pied pour gravir l'escalier de la sainteté. Vous n'arriverez même pas à monter la première marche, mais le bon Dieu ne demande de vous que la bonne volonté. Du haut de cet escalier, il vous regarde avec amour. Bientôt, vaincu par vos efforts inutiles, il descendra lui-même, et vous prenant dans ses bras, vous emportera pour toujours dans son Royaume où vous ne le*

---

2. Gilbert Keith CHESTERTON, *Les enquêtes du Père Brown*, Omnibus 2008, p. 728.

quitterez plus. Mais si vous cessez de lever votre petit pied, il vous laissera longtemps sur la terre[3] » (CRM 84-85).

Il ne faudrait cependant pas s'imaginer que sainte Thérèse de Lisieux aseptise les exigences que la sainteté suppose, bien au contraire. « *Levez toujours votre petit pied.* » Être saint, nous le disions, c'est être héroïque dans l'instant et fidèle dans la durée ; c'est-à-dire soumis aux conditions de l'amour et à ses exigences. Or l'amour réclame des sacrifices et la sainteté les embrasse.

Rutchill est une jeune fille timide et très sensible dont les larmes montent vite. Elle amuse d'ailleurs ses camarades qui aiment en jouer, la sachant facilement impressionnable. Mais cette sensibilité à fleur de peau n'est pas uniquement le fait d'un caractère émotif. Elle est aussi le fruit d'un passé où la peur régnait à cause d'un père violent et imprévisible. Elle raconte que, petite, elle a souvent passé des heures cachée dans un petit local qui servait pour les poubelles, terrifiée à l'idée que son papa ne la trouve. Elle a grandi dans la crainte et l'assume aujourd'hui dans les larmes.

Un jour nous avons vu son père venir à la fondation pour « récupérer » sa fille par la force. Rutchill était terrorisée. Usant de nombreuses intimidations, il espérait que les accompagnateurs se plieraient facilement à ses demandes. Mais l'une des priorités des éducateurs est bien de protéger coûte que coûte les enfants et le papa indigne est reparti sans sa fille.

---

3. Sainte THÉRÈSE L'ENFANT JÉSUS, Carnet rouge Sœur Marie de la Trinité, 84-85.

Mais après quelque temps, Rutchill s'est approchée de moi avec ses yeux rougis. Elle me dit :

— *Mon Père, j'ai une faveur à demander : j'aimerais rentrer à la maison…*

Très surpris, après l'épisode éprouvant de la visite de son papa, je lui demandai :

— *Mais pourquoi donc ce soudain changement de plan ? Tu sais bien pourtant que tu n'es pas en sécurité chez toi. Pourquoi veux-tu retourner là-bas ?*

— *Parce que si je n'y vais pas, c'est maman qui va se faire battre à ma place.*

Rutchill voulait prendre les coups à la place de sa maman, par amour. Elle était prête à tout, par amour. Elle voulait accepter le sacrifice d'elle-même, par amour.

Nous ne l'avons évidemment pas laissée faire, mais nous apprenions, par sa réaction héroïque, qu'un amour vrai ne ressemble guère aux histoires à l'eau de rose dont raffolent les adolescents en mal de sentimentalisme. L'amour n'est pas d'abord une affaire de sentiments mais de don. La sainteté des enfants se résume à cette disposition du cœur : ils savent donner et se donner sans compter.

Mais pour nous, pourtant pleins de bonne volonté, il demeure une lourdeur qui semble insurmontable : la tiédeur.

« Je connais tes œuvres tu n'es ni froid, ni chaud. Si tu pouvais être froid ou chaud ! Mais non, tu es tiède, ni froid ni chaud et je vais te vomir de ma bouche. Tu te dis : "Je suis riche, si riche que je n'aie besoin de rien". Et tu ne vois pas

*que tu es misérable et digne de pitié, pauvre, aveugle et nu »
(Ap 3, 31).*

Cette médiocrité est en effet l'un des plus rudes obstacles à la sainteté, comme son antithèse. Après l'avoir surmontée, elle se dresse à nouveau. C'est pourquoi, comme nous l'écrivions au chapitre précédent, il est sûr qu'à l'homme fièrement debout, Dieu préfère et chérit celui qui se relève. Héroïque et fidèle.

Un seul antidote se montre alors efficace contre le poison de la médiocrité, c'est le combat de la cohérence. Or accepter celui-ci nous entraîne inévitablement sur un chemin de conversion intérieure et c'est assurément le plus laborieux combat d'une vie, puisqu'il secoue notre orgueil. Il est étonnant d'ailleurs de constater qu'orgueil et médiocrité se montrent extérieurement tout à fait dissemblables et sont, intérieurement, tout à fait similaires...

La conversion du cœur oblige de passer de la salle d'attente au champ de bataille ; il faut accueillir le feu de l'Esprit Saint pour être enfin capable de poser des actes au présent qui aient valeur d'éternité. Il vaut mieux se battre pour de petits actes éternels que pour de grandes gloires éphémères !

Écoutons l'appel du Bienheureux Henri Suso, dominicains de Constance du XIVe siècle, dont il nous reste quelques lettres et sermons et deux livres qui ont nourri spirituellement des générations de croyants :

« Avec une vive ardeur, je criais à mon cœur et à tous les cœurs de la terre : en haut, cœurs captifs ! Sortez des liens étroits de l'amour périssable ! En haut, cœurs pleins de vanité !

Arrachez-vous à la tiédeur de votre vie paresseuse et négligente! Élancez-vous de toutes vos forces vers le Dieu plein d'amour, Sursum Corda[4]! »

Et quels magnifiques exemples recevons-nous des plus petits! Quels exemples édifiants nous donnent les préférés du Bon Dieu, les pauvres parmi les pauvres! Car sans jamais se lamenter des obstacles, sans jamais se lasser des chutes, ils avancent pas après pas. C'est tout. Ils se relèvent et c'est pour cela qu'ils sont saints.

Sainte Thérèse de l'Enfant Jésus a tracé la route de la « petite voie », les enfants l'empruntent allègrement et nous invitent à les suivre.

---

4. Bienheureux Henri Suso dans son « Sermon sur l'Ascension du Seigneur », cité par Nicolas Buttet, *L'Eucharistie à l'école des saints*, p. 352.

Le trésor de l'enfance
Innocence audacieuse

« Un enfant est un secret
que Dieu dévoile peu à peu à ses parents[1]. »

L'esprit d'enfance.

*« Laissez les enfants venir à moi, ne les empêchez pas,
car le Royaume de Dieu est à ceux qui leur ressemblent »
(Mt 19,14).* Ce verset a donné lieu à un nombre incalculable d'interprétations variées, souvent mielleuses, assimilant parfois l'esprit d'enfance à une imitation naïve de nos chers bambins.

Mais *naïf* est ici probablement le mot juste. En effet, donner un caractère impérieux à l'innocence de l'enfant, c'est être bien aveugle ou refuser de voir les tendances parfois égoïstes, les accès de colère, les entêtements exagérés et l'irritabilité ou la susceptibilité à fleur de peau des enfants qui, comme chaque parent le sait, sont le lot inévitable de leur façonnement, piment ou parfois fardeau de la mission herculéenne d'éduquer sa progéniture !

Je n'alourdirai pas ces quelques pages de mon interprétation personnelle de l'esprit dit « d'enfance ». Elle

---

1. Ludovic Lecuru cité par Christine PONSARD dans "*La foi en famille*", EDB, 2001, p. 76.

ne viendrait d'ailleurs que s'ajouter à la longue liste de celles qu'il vaut mieux oublier bien vite. Je préfère citer à nouveau sainte Thérèse de l'Enfant Jésus qui, en quelques mots simples, m'a donné de vraies lumières sur ce qui fait la joie miraculeuse des enfants, et je ne doute pas qu'elle puisse éclairer d'autres âmes :

« *Ce ne sont pas les richesses et la Gloire que réclame le cœur du petit enfant [...]. Ce qu'il demande, c'est l'amour*[2]. »

C'est aussi simple que cela. L'esprit d'enfance englobe ainsi tout ce qui met en mouvement le cœur d'un enfant dans une recherche simple, pure et authentique de la seule quête qui mène quelque part : l'amour.

Néanmoins il ne faut pas condamner trop sévèrement la naïveté qui, chez les enfants justement, donne souvent une touche merveilleuse de gaieté. Les anecdotes sont nombreuses et le sourire souvent difficile à maîtriser lorsqu'un enfant nous expose avec un sérieux doctoral ses réflexions sur tel ou tel sujet.

Je me souviens par exemple de cette discussion avec Manylin après un cours de « sciences naturelles » qu'elle avait suivi le matin même à l'école. Elle semblait très intriguée. Elle s'approcha de moi et me dit :

— *Mon Père, je ne comprends pas mon professeur. Il nous a dit ce matin qu'on ne respirait pas seulement par la bouche et le nez, mais aussi par la peau.*

Malgré le peu de souvenirs de mes cours de lycée et le désespoir de mes professeurs de l'époque voulant m'in-

---

2. Sainte Thérèse de l'Enfant-Jésus, *Manuscrit B*, folio 4.

culquer quelques connaissances biologiques, la question semblait dans mes cordes. Je ratifiais donc sans hésitation les affirmations du professeur. Mais Manylin, sûre de son réquisitoire, objecta :

— *Mais c'est impossible...*

Et déterminée à prouver scientifiquement qu'elle avait raison, ferma la bouche et se pinça le nez pour s'interdire toute sortie d'air par les canaux conventionnels. Puis elle essaya avec force d'expirer l'air insufflé en gonflant ses joues le plus possible, prenant alors l'aspect d'un gros crapaud inquiet. Ses yeux sortaient de leurs orbites et ses veines semblaient éclater. Après quelques secondes d'efforts intenses, la conclusion était évidente :

— *Il n'y a rien qui sort !*

Sa démonstration empirique n'admettait aucune contestation...

Il est évident que l'une des plus belles qualités dont les enfants sont naturellement dotés et que nous autres, adultes, perdons trop rapidement, c'est l'émerveillement. Le très regretté père Pierre-Marie Emonet, dominicain, disciple du grand cardinal Journet et vieux professeur de métaphysique au séminaire d'Ars, que j'ai eu la joie et l'honneur d'écouter pendant deux belles années, commençait son enseignement en invitant ses élèves à s'émerveiller de nouveau. Mais loin d'en rester à de simples mots, il vivait lui-même cet émerveillement jour après jour. Nombreux sont ses élèves qui pourraient témoigner du fait qu'il s'arrêtait souvent, de longues minutes devant une rose fragile ou un chêne robuste, simplement pour contempler la poussée créatrice, cette force extraordinaire qui permet au brin d'herbe de surgir du néant et de se maintenir dans l'être… Mais notre bon Père en habit blanc avait un avantage certain, disait-il lui-même : « *Je suis un grand enfant.* »

Les enfants s'émerveillent ; ils savent goûter l'étonnement et en tirent des fruits que nous avons, nous, tendance à gâter soit par lassitude, soit par orgueil.

L'un des aspects qui impressionnent le plus les visiteurs qui passent à la fondation, c'est l'accueil enthousiaste et infatigable qu'offrent les enfants à tous ceux qui entrent. Ils vous ont vu la veille et l'avant-veille mais vous retrouvent très chaleureusement aujourd'hui comme s'ils vous avaient quittés depuis des mois, exprimant une joie vraie et sincère.

Voici d'ailleurs la clé de cet esprit d'enfance : la joie. Ce n'est pas celle, « *frénétique et incontrôlée* – aurait dit le comique Pierre Desproges – *manifestée par les applaudissements de la ménagère et du chimpanzé à la vue d'une banane ou de Julio Iglésias* ». Ce n'est pas cette joie usurpatrice, métamorphose à peine cachée de l'excitation qui vient remplacer par le bruit et le mouvement (« *je bouge donc je suis* ») ce que le silence et la paix voulaient faire naître au fond de nos cœurs.

Non, c'est à l'antipode, la joie décrite par Bernanos, dont l'esprit d'enfance imprègne la plupart de ses œuvres, qui n'est autre que celle des mages apercevant l'étoile (Mt 2, 10), celle de Zachée qui reçoit Jésus chez lui (Lc 19, 6), celle des anges pour un pécheur qui se repent

(Lc 15, 10), celle des femmes à la Résurrection (Mt 28, 8) et bien sûr celle de Jésus lui-même qui tressaillit (Lc 10, 21).

« Je vous ai dit ces choses, afin que ma joie soit en vous et que votre joie soit parfaite » (Jn 15, 11).

C'est à cette joie qu'il faut aspirer, celle que personne ne pourra nous ravir (Jn 16, 22), espérance ferme et assurance du salut, dont les enfants sont les hérauts sans le savoir, parce qu'ils vivent cette espérance non pas en simulant l'apathie mais en accueillant leurs épreuves avec cette conviction inébranlable au fond de leurs cœurs que le bonheur, le vrai, n'est pas pour ce monde.

« Reste joyeux – disait le cardinal Van Thuan, ancien évêque coadjuteur de Saïgon et emprisonné pendant treize ans – *et fais en sorte que tous ceux qui viennent à toi éprouvent cette joie qui émane de toi, même si ton cœur est brisé de souffrance. Voilà une sainteté plus authentique que tous les jeûnes et toutes les mortifications[3].»*

Qui peut encore se demander d'où viennent les sourires magnifiques et contagieux que les enfants offrent inlassablement à ce monde qui les fait pourtant souffrir ? Qui peut encore s'étonner de ce que ces enfants, pauvres parmi les pauvres et préférés du Bon Dieu, sont, sans l'ombre d'un doute, plus apaisés et rayonnants que notre voisin de banquette dans la rame de métro de la ligne 6 ? Qui peut encore douter que la joie, la vraie, ne réside pas dans l'illusion du plaisir et de l'euphorie, mais dans l'Espérance qui ne déçoit point (Rm 5, 5) ?

---

3. François Xavier Cardinal VAN THUAN, *Sur le chemin de l'espérance*, n° 539, Le Sarment-Fayard.

« *Heureux vous qui avez faim maintenant car vous serez rassasiés! Heureux vous qui pleurez maintenant car vous serez dans la joie!* (Lc 6, 21)

Alors les enfants des rues nous favorisent d'un vrai sourire. Ce n'est pas le rictus gêné, le ricanement moqueur, la grimace cauteleuse ou le rire outrancier, mais le sourire authentique, celui qui exprime la joie sans cacher les douleurs et révèle les douleurs sans étouffer la joie. C'est le sourire qui permet de pénétrer le regard et d'entr'apercevoir l'âme. L'un et l'autre vont de pair, ils sont les vitraux du cœur et peuvent être aussi opaques que diaphanes.

Je me souviens avoir été ému au plus profond de mes entrailles lors d'une activité qui rassemblait de nombreux enfants de différents centres. Grands et petits jouaient ensemble et les encouragements des uns se mêlaient aux rires des autres. Le tableau était simple et beau, d'une fraîcheur apaisante, profondément touchant ; des moments que l'on voudrait voir durer indéfiniment. Mais au travers de leurs sourires, en contemplant cette scène, je voyais défiler dans mon esprit chacune de leurs histoires aux passés confus et douloureux : l'un orphelin abandonné tout petit, l'autre dont les deux parents étaient en prison, le troisième qui avait connu le désastre de la prostitution, cet autre encore qui vivait de chutes en chutes… Et mes larmes sont montées subitement, non pas causées par la gravité de leurs épreuves mais plutôt par l'émerveillement que suscitaient en moi la noblesse de leur combat intérieur et le travail de la grâce au fond de leur âme.

Sans penser un instant que cela conviendrait si bien aux enfants abandonnés de Manille, la philosophe Simone Weil donnait ce conseil approprié : « *D'une manière géné- rale ne souhaiter la disparition d'aucune de ses misères, mais la grâce qui les transfigure*[4]. » Mon abandon en Dieu est trop imparfait pour ne pas désirer malgré tout l'amenuise- ment de leurs misères, mais dans le cadre de la fondation, nous sommes assurément les témoins de cette métamor- phose que le Bon Dieu opère au fond des cœurs.

« *Il ne faut évidemment pour cela mettre aucune limite à la distance et à la vitesse à laquelle le Saint-Esprit pourra nous entraîner, ce qui est encore un des privilèges de l'enfance. Les enfants ont confiance ou n'ont pas confiance. Quand ils ont confiance – "je sais à qui je me suis confié" (2Tm 1,12) – ils vont n'importe où: aucune expérience ne leur fait peur et ils s'abandonnent à un éblouissement perpétuel. Telle est bien l'image de l'abandon dont une mère soulignait justement l'audace, inaccessible aux adultes: "J'avais deux enfants, l'un de sept ans, l'autre de quatre, et je jouais à les faire tourner en les tenant par les poignets. Le plus petit était toujours enchanté par ce jeu, mais le plus grand m'a dit un jour: "Ne tourne pas plus vite que je voudrais." Ce n'était déjà plus un enfant*[5]. "* »*

Innocence audacieuse, fruit de la grâce. La joie spiri- tuelle n'est assurément pas celle qui enivre mais celle qui accomplit.

---

4. Simone WEIL, *La pesanteur et la grâce*, Plon 1988, p. 46.
5. Marie-Dominique MOLINIÉ o.p., *Le combat de Jacob*, p.117.

Apprendre à lâcher prise
La Grâce enflammante !

« Grâce de Dieu passe devant
mais à nous de suivre![1] »

L'abandon.

Ne cherchez pas la Grâce « enflammante » dans un manuel de théologie classique ou dans les précieuses Sommes du Docteur Angélique car cette expression n'existe pas. Elle tire maladroitement et très approximativement son origine d'une citation du grand saint Jean de la Croix dans « *La nuit obscure* » :

« Cor mundum crea in me, Deus *(Ps 50,12). En effet, la pureté du cœur n'est pas autre chose que l'amour et la grâce de Dieu, et notre Sauveur appelle ceux qui sont purs de cœurs, bienheureux (Mt 5,8), ce qui revient à dire enflammés d'amour, puisque la béatitude ne se donne qu'à l'amour. »*

Il faut comprendre à quel point l'homme est poussière – misère – pour comprendre à quel point Dieu est Amour. Nous ne pouvons rien sans Dieu, c'est une évidence, un lieu commun même, mais ce sont bien les épreuves et la souffrance qui nous apprennent à saisir en profondeur la mesure de ces mots. Lorsqu'un enfant est au fond d'un

---

1. Père Jacques Sevin

gouffre moral, accablé par le malheur, et qu'avec l'orgueil d'un pharisien jouant au bon samaritain nous voulons lui tendre la main droite en prenant bien garde que la gauche le sache – ignorant ainsi le conseil évangélique (Mt 6,3) – ne soyons pas surpris qu'il la refuse.

Notre charité est trop souvent pleine de nous-mêmes et vide de Dieu. C'est un arbre sec. Notre sincérité n'est pas remise en question, mais la vérité de notre amour. Il faut relire les mots éclairants d'Ernest Hello : « *Le décou-ragement et l'orgueil [...] : tantôt l'homme croit qu'il peut tout même sans Dieu ; tantôt qu'il ne peut rien, même avec Dieu*[2]. » Mais serons-nous assez forts pour reconnaître que nous sommes faibles ou trop faibles, tout en croyant que nous sommes forts ?

Il faut impérativement demander au Bon Dieu de grandir en humilité car si l'Évangile dit que nous sommes des « serviteurs inutiles[3] » (Lc 17, 10), ce n'est pas pour nous voir acquiescer, la tête penchée comme un homme politique en campagne, un élève avant l'oral de rattrapage ou un petit chien devant sa pâtée. Dieu veut nous voir vivre pleinement cette inutilité, l'accueillir à bras le corps, l'embrasser, l'étreindre pour, enfin, laisser place à sa grâce. Or la notion de « serviteur inutile » est peut-être aussi l'une des racines de cette nuit de la foi dont parlent les plus grands saints.

---

2. Ernest HELLO, *L'homme*, Perrin et Cie, Paris 1928, p. 280.

3. Non pas « quelconque », option malheureuse à mon avis de la traduction liturgique actuelle.

Nous ne sommes rien et c'est bien de ce rien que le Bon Dieu peut enfin faire surgir quelques fruits. Il faut être humble, c'est-à-dire mesurer son orgueil. Et plus nous comprenons à quel point nous manquons d'humilité, plus nous grandissons réellement en humilité.

Mais il est nécessaire d'être très prudent : cette vertu est aussi fragile qu'un château de cartes. Nous risquons bien de nous montrer très orgueilleux d'avoir fait preuve de tant d'humilité. L'humilité s'obtient assurément dans l'accueil patient des humiliations mais peut se perdre dans un éclair d'amour-propre. Et de fait, l'orgueil est parfois tellement subtil qu'il sait se parer du manteau de l'humilité pour porter les bijoux de la gloire.

« *La montée vers Dieu a lieu précisément lorsqu'on s'abaisse à servir humblement, qu'on s'abaisse par amour, un amour qui est l'essence de Dieu et par là même la force qui purifie véritablement, qui rend l'homme capable de percevoir Dieu et de le voir[4].* »

Alors seulement la grâce s'engouffre et travaille au fond des cœurs. C'est pourquoi les plus beaux fruits sont portés par la persévérance car elle exige non pas le succès mais la fidélité, si précieuse aux yeux de Dieu. « *Dieu ne nous demande pas de réussir, mais d'être fidèles* » disait la Bienheureuse Mère Teresa dont l'exemple en la matière a franchi toutes les frontières.

Par conséquent, pour avancer sur le chemin de la sainteté, la seule issue est la voie sans-issue de notre faiblesse.

---

4. Benoît XVI, *Jésus de Nazareth,* Flammarion, Paris 2007, p. 116.

« *Ma grâce te suffit car ma puissance s'accomplit dans la faiblesse* » (2Co 12, 9). En montagne un bon guide nous apprend à assurer nos prises ; tandis que pour une ascension spirituelle, un bon guide nous apprend au contraire à les lâcher. C'est cette chute en Dieu qui est impressionnante, cet abandon qui est terrifiant.

Nous avons adopté la prière du Bienheureux Charles de Foucauld comme prière habituelle pour toute la fondation et les mots traduits en tagalog du jeune officier de Saint-Cyr devenu trappiste puis ermite au Sahara, rythment nos semaines.

> *Mon Père,*
> *je m'abandonne à vous, faites de moi ce qu'Il vous plaira.*
> *Quoi que vous fassiez de moi, je vous remercie.*
> *Je suis prêt à tout, j'accepte tout.*
> *Pourvu que votre volonté se fasse en moi, en toutes vos créatures,*
> *je ne désire rien d'autre mon Dieu.*
> *Je remets mon âme entre vos mains,*
> *je vous la donne, mon Dieu, avec tout l'amour de mon cœur,*
> *parce que je vous aime,*
> *et que ce m'est un besoin d'amour de me donner,*
> *de me remettre entre vos mains sans mesure,*
> *avec une infinie confiance, car vous êtes mon Père.*

C'est le même Bienheureux qui expliquait l'abandon en Dieu, comme un oubli de soi-même, de sa propre volonté, pour l'amour du prochain. Et nombreux sont à la fondation les enfants – comme Rutchill voulant protéger sa maman – qui se révèlent être de vrais exemples.

Arnel, lui aussi, est un modèle en matière d'oubli de soi. Il est le premier enfant-chiffonnier que j'ai rencontré lorsque l'équipe de la fondation m'a fait découvrir la terrible « Smokey mountain », immense décharge à ciel ouvert située sur la baie de Manille, où des milliers de familles sans ressource ont trouvé refuge. Il avait sept ans à l'époque et armé de son pic en métal et de ses bottes, il fouillait déjà les ordures depuis deux ans accompagné de son petit frère Buboy, pour rapporter quelques *pesos* supplémentaires à ses parents. Il faisait partie de ces milliers de petits chiffonniers dont l'univers se limite à quelques hectares de déchets déversés quotidiennement par des centaines de camions-poubelles venant des quatre coins de la capitale. Il travaillait dans les poubelles, dormait dans les poubelles, mangeait dans les poubelles et jouait dans les poubelles.

Il nous avait accueillis avec un grand sourire qui détonnait avec le cadre abominable, puis nous avait fait faire le « tour du propriétaire » déambulant fièrement d'un côté à l'autre de la décharge et expliquant, avec l'aisance d'un guide de musée, tous les secrets de ce lieu apocalyptique. Je me souviens lui avoir posé quelques questions toutes simples, histoire de faire connaissance : son âge, son niveau scolaire, son sport préféré… Et en bon français, obsédé par la fourchette, j'en suis venu à la question culinaire :

— *Et quel est ton plat préféré ?*

Et sans hésiter il me répondit :

— *Le riz bien sûr.*

Arnel ne rêvait pas, il survivait.

Infortunes et malheurs avaient rapidement fait chuter sa petite famille, originaire d'une île du sud de l'archipel, jusqu'au dernier échelon social. Ils étaient devenus chiffonniers et il ne leur restait plus rien. Ils fouillaient ce dont les autres ne voulaient plus, pour espérer au moins manger quelque chose. Mais ils étaient ensemble et c'était pour Arnel le plus beau cadeau, comme une étincelle d'espérance qui le faisait croire encore à des jours meilleurs. Miséreux mais unis dans l'épreuve. Il n'avait qu'une crainte, c'était de voir ce foyer perdre sa cohésion qui faisait leur force et du haut de ses sept petites années, Arnel s'était promis de tout faire pour maintenir l'unité de sa famille. C'était eux avant tout, eux avant lui.

Travailler ne lui faisait pas peur, même dans le cadre aussi terrible et dangereux d'une décharge, car il le faisait pour sa famille qu'il aimait tant. Son seul souci était de préserver au mieux son petit frère Buboy, de trois ans son cadet. Arnel n'avait pas le temps de penser à lui-même.

« *Si nous nous préoccupons trop de nous-mêmes, il ne nous restera pas de temps pour les autres* » disait la bienheureuse Mère Teresa.

Les deux frères avaient intégré tout de suite le programme mis en place par la fondation sur la décharge qui consiste en trois cibles bien distinctes : la scolarisation, la santé et la nutrition. Comme la centaine de leurs jeunes camarades chiffonniers inscrits au programme, ils partageaient leur temps entre le centre, sorte de refuge, et la décharge pour continuer de rapporter un petit supplément à la famille.

À la fin d'une année scolaire, le petit groupe des enfants récompensés pour leurs bons résultats faisait une sortie à l'extérieur avec la responsable du programme. Arnel en faisait partie et était tout excité à l'idée de déjeuner dans le fast-food local. C'était la première fois. Quelle aventure ! Après avoir commandé un menu classique, Arnel est retourné à sa place avec son sandwich, ses frites, sa limonade et surtout ses yeux pétillants.

À la surprise de la responsable, il dégusta les frites une par une et bu son soda, mais ne voulait pas toucher à son sandwich et le conservait consciencieusement emballé.

– Je le garde pour Buboy. Lui non-plus n'a jamais goûté ça.

Une fois encore, même dans les plus simples détails de sa vie quotidienne, c'était eux avant tout ; eux avant lui.

Un an plus tard la petite famille disparaissait subitement de la « Smokey Mountain ». Nous apprenions alors que le malheur s'acharnant encore sur eux, ils avaient perdu leur masure et vivaient désormais dans la rue. Je tombais un jour par hasard sur Arnel qui mendiait à la sortie d'une église. Il n'avait pas perdu son sourire mais me racontait leurs déboires. Il n'avait cessé, tout au long de l'année, de mendier jour après jour, uniquement pour participer modestement à la survie familiale. Une fois encore, il n'était motivé que par le désir de savoir sa famille « vivante » et son petit frère en sûreté. Il n'a jamais vraiment pensé à lui-même. Depuis, Arnel et Buboy ont quitté la rue et rejoint le centre pour enfants des rues.

Voilà la grande leçon : ce sont ceux qui parlent le moins que l'on écoute le plus. Ce petit bonhomme haut comme trois pommes, nous enseigne sans dire un mot, par le silence éloquent de son exemple, ce qu'est le miracle de l'amour. Alors que nos richesses matérielles diminuent à mesure que nous les dépensons, l'amour lui, croît à mesure que nous l'offrons. Plus nous vidons allègrement le réservoir de notre cœur, plus il se remplit et plus le réservoir lui-même s'élargit. Plus nous distribuons les fruits, plus l'arbre devient fertile. Plus nous donnons gratuitement, plus nos économies « cordiales » (de *cor*, le cœur) augmentent. Bref, pour volontairement tomber dans un lieu commun : plus on donne et plus on reçoit.

Or nous pouvons remarquer que l'amour d'Arnel, lu dans son comportement, est marqué par la crainte : crainte de voir sa famille se déchirer, crainte qu'il n'arrive quoi que ce soit à son petit frère, crainte de ne pas être à la hauteur, crainte de ne plus aimer... Ce n'est pas la crainte inquiète dont l'agitation n'est que le reflet du trouble intérieur de celui qui perd ses moyens, mais au contraire, la crainte délicate qui maintient le cœur humble et soumis. L'Esprit Saint trouve alors le réceptacle idéal pour le premier de ses sept dons[5].

Nous ne pouvons pas donner notre vie au Bon Dieu, comme on donne un trésor ou un privilège, nous ne pouvons que Le laisser nous la prendre parce que seule notre volonté nous appartient vraiment.

---

5. Se reporter au magnifique texte de Dom Guéranger sur les « Sept dons du Saint-Esprit », dans « L'année liturgique ».

À la suite de nombreux miséreux qui ne sont finalement démunis que de nos chaînes à nous les repus, Arnel nous offre inconsciemment l'un des plus beaux cadeaux : le « regard du cœur » – dirait saint Paul – c'est-à-dire cette intuition mystérieuse de ce qu'est l'éternité, une fenêtre ouverte sur le Ciel.

« Aussi je vous tiens présents dans mes prières et sans cesse je rends grâces pour vous.

Que le Dieu de Jésus-Christ, notre Seigneur, le Père qui est dans la Gloire, se révèle à vous et vous donne un esprit de sagesse pour le connaître en vérité.

Qu'il illumine le regard de votre cœur ! Vous saurez alors quelle espérance s'offre à vous à la suite de son appel, et quel riche héritage, quelle gloire il a réservée à ses saints, et quelle force extraordinaire il met en œuvre pour nous qui croyons. »
(Eph 1, 16-19)

Pieds sur terre et cœurs au Ciel
L'obsession du salut!

« On atteint plus vite le ciel
en partant d'une chaumière
que d'un palais[1]. »

Le Ciel.

Dans un ouvrage tout à fait remarquable, *Le courage d'avoir peur*, le père Marie-Dominique Molinié, prêtre dominicain, emploie une expression que j'ai toujours trouvée très adaptée aux enfants que nous côtoyons à Manille. Il parle des « contemplatifs inconscients », et les définit ainsi : *« Ce sont tous les pauvres de Yahweh, écrasés sans rien y comprendre par la cruauté des puissants et le poids d'un monde endurci, et qui traversent la vie en faisant ce que les Carmélites devraient faire consciemment : s'orienter vers la mort de Jésus qui seule donne un sens à la vie en nous engloutissant progressivement dans le mystère pascal, à travers la pratique quotidienne de la charité fraternelle[2]. »*

S'orienter vers la mort du Christ.

---

1. Saint François d'Assise.
2. Marie Dominique MOLINIÉ o.p., *Le courage d'avoir peur*, Cerf, Paris 2003, p. 158.

Ces paroles pourront sembler discordantes et incohérentes avec l'ensemble des chapitres précédents qui ont tenté, au contraire, de décrire le combat que mènent les enfants pour choisir à nouveau de vivre. Et pourtant… « *si le grain de blé tombé en terre ne meurt pas, il reste seul; mais s'il meurt, il porte beaucoup de fruits* » (Jn 12, 24). Le choix de la vie ne porte réellement de fruits qu'en acceptant de pénétrer au travers de la mort afin d'être capable d'accueillir la Vie, avec une majuscule. Certains s'arracheront peut-être les cheveux en lisant ces quelques lignes, mais c'est pourtant bien la perspective de la Vie éternelle, et elle seule, qui donne du sens à ce que vivent – ou plutôt ce que souffrent – les enfants des rues de Manille.

Nous avons plusieurs fois fait la douloureuse expérience de voir l'un ou l'autre de ces jeunes, comme le petit Angelo, nous quitter prématurément. Et la question du sens et de la signification de leurs trop courtes existences nous venait brutalement à l'esprit.

« *Tout chrétien doit avoir les pieds sur terre et le cœur au Ciel* », disait le père Werenfried, fondateur de l'Aide à l'Église en détresse. Ces mots donnent une clé de compréhension fondamentale de la vie de tous ces « contemplatifs inconscients »… et silencieux.

L'histoire de Mark ressemble indéniablement à beaucoup d'autres. Il a perdu très jeune sa maman et a donc été élevé par son papa qui passait malheureusement plus de temps à boire avec des amis qu'à s'occuper de ses enfants. Pour Mark, l'enfer s'installait avec la nuit, puisqu'il se faisait frapper sans raison, presque chaque soir, lorsque son papa, sous l'influence de l'alcool, rentrait de ses beuveries. Sa vie était rythmée par la violence.

Mark fut recueilli à la fondation mais rien n'était encore gagné car une sorte d'animosité l'habitait. Il était devenu irascible et cherchait la bagarre de manière assez systématique avec ses camarades. Il a fallu des mois pour que petit à petit le bouillonnement s'estompe et que la colère agressive qu'il ressentait soit maîtrisée. Mark menait un vrai combat, il redevenait un enfant.

Un jour il apprit que son papa était décédé. Cette nouvelle devait logiquement changer la donne. Mais confronté à l'absence radicale et définitive, confronté au mystère de la mort, Mark était troublé. Contrairement à son espérance, sa colère ne fut pas ensevelie avec son père et une agitation intérieure recommença alors à le faire souffrir, peut-être même plus intensément qu'auparavant.

Mark avait un pardon à donner. Les derniers temps avaient été un rude combat intérieur pour aboutir à ce désir profond de pardonner et aujourd'hui il ressentait comme une frustration, une démarche entreprise depuis des mois qui allait demeurer inachevée.

Un éducateur lui fit une proposition à laquelle il consentit. Mark écrirait une lettre à son père dans laquelle il exprimerait ses sentiments et son évolution depuis des mois. Il lui dirait sa colère et son amour, sa hargne et son espérance, son cœur et ses tripes.

Après un moment de réflexion et de prière, notre jeune prit une feuille de papier, resta longtemps silencieux devant sa lettre puis se décida à écrire :

« *Mon cher papa…* »

Ensuite Mark posa son crayon et fondit en larmes. Il n'irait pas plus loin, il avait tout dit dans ces trois mots, tout exprimé en une petite phrase. Son silence était plus éloquant. Il avait effectivement pardonné. Je crois que Mark vécut alors mystérieusement un tournant dans sa vie, une vraie guérison intérieure. Il est aujourd'hui méconnaissable, délicat et apaisé.

« *Sauver veut dire délivrer du mal* » rappelait Jean-Paul II et la rédemption (*redimere*, racheter) implique le pardon. Mark, en s'inscrivant dans ce mouvement, participe à ce plan divin, ce combat contre le mal qui donne pleinement sens à sa vie. « *Le mystère pascal devient ainsi la mesure définitive de l'existence de l'homme dans le monde créé par Dieu*[3]. » Le mystère de la mort, devant lequel nous sommes tous démunis, nous replace indéniablement en face de ce qui est essentiel et donne du sens à nos vies. La signification de ce que nous sommes éclos à la lumière de la fin vers laquelle nous tendons. Dans l'un des précédents chapitres, nous avons parlé de l'espérance, dont les fruits se cueillent dans l'éternité ; la Vie éternelle, elle, les savoure. L'espérance s'évanouit alors pour ne laisser place qu'à l'amour.

Nous pouvons garder nos yeux figés sur le scandale de ce que vivent les enfants des rues, et avec eux, tous les miséreux qui nous entourent que ce soit au fin fond du bidonville de « Puting bato » aux Philippines ou sur le parvis de la cathédrale Saint-Louis à Versailles. Nous n'au-

---

3. Jean-Paul II, *Mémoire et identité*, Flammarion, 2005 p. 38.

rons alors pas d'autres choix que de nous enliser dans la désespérance ou la révolte.

Nous pouvons aussi fixer nos yeux sur le scandale de la Croix – « *folie pour ceux qui périssent* » (1Co 1, 18) – devenue le plus éclatant symbole de l'amour, et comprendre enfin à quel point l'espérance de notre monde se tapit dans les mains abîmées et noircies de ces « contemplatifs inconscients ». En effet, l'amour est fort comme la mort (Ct 8, 6), non parce qu'il s'y oppose, mais parce qu'il mène le même combat : celui de la vie.

Je ne désire pas donner des airs eschatologiques à ces quelques lignes, mais mettre simplement le doigt sur le sens de chaque acte d'amour que nous posons dans nos courtes vies ; actes qui n'ont de valeur qu'à la lumière de la Vie éternelle.

Nous ne voulons pas résoudre la question des enfants des rues, mais aider celui-ci qui est devant nous. Il ne s'agit pas de régler le problème des nécessiteux mais aujourd'hui de tendre la main à celui-là. Il ne faut pas vouloir sauver le monde, mais bien être sauvé avec le monde – « *Quand j'aurai été élevé de terre, j'attirerai tous les hommes à moi* » (Jn 12, 32) – en refusant l'absurde de la misère et en embrassant la fécondité de l'amour. « *C'est dans l'engagement juste et désintéressé que se trouve la juste préparation à la mort*[4] », disait Hans Urs von Balthazar non pas pour « gagner son paradis », mais bien pour laisser Dieu nous y emmener, comme le bon larron.

---

4. Hans URS VON BALTHAZAR, *Du bon usage de la mort*, Communion T.IX, 1984.

Un des centres de la fondation avait organisé avec ses jeunes pensionnaires une visite en prison. Il s'agissait de donner du temps aux personnes âgées encore emprisonnées et encourager ainsi les enfants, malgré leurs propres misères, à ouvrir leurs yeux sur celles des autres. L'un des vieux prisonniers, appuyé sur une canne de fortune, s'adressa à l'un de nos jeunes et lui demanda s'il acceptait d'introduire la rencontre avec une courte prière. Notre bambin très impressionné commença par ces mots :

– *Mon Dieu, faites qu'ils ne meurent pas trop vite…*

Il avait bien détendu l'atmosphère.

Et pourtant, au-delà de cette maladresse qui n'a d'ailleurs mis dans l'embarras que celui qui l'a commise, il ne s'agit pas d'éviter la mort ni de la craindre, mais bien de l'accueillir comme on accueille un vaincu, de la laisser courber l'échine devant l'amour irrévocablement vainqueur. Elle s'acharne sur les petits, s'obstine et plonge certains dans le malheur le plus terrible, et pourtant se confronte sans cesse à la terrible force des faibles, à la violence foudroyante des doux, à la résistance acharnée des plus fragiles.

« *Nous sommes pressés de toute part,* – écrit l'apôtre de Tarse – *mais non pas écrasés ; ne sachant qu'espérer, mais non désespérés ; persécutés, mais non abandonnés ; terrassés, mais non annihilés. Nous portons partout et toujours en notre corps les souffrances de mort de Jésus, pour que la vie de Jésus soit, elle aussi, manifestée dans notre corps. Quoique vivants en effet, nous sommes continuellement livrés à la mort à cause de Jésus pour que la vie de Jésus soit, elle aussi manifestée dans notre chair mortelle* » (2Co 4, 8-11).

Les pauvres, les miséreux, les gamins des rues, les enfants des bidonvilles ou de la décharge sont tous les porte-étendards de cette victoire. Ils crient sur les toits du monde la dignité de leur infirmité, la noblesse de leur dénuement, l'immense richesse de leur pauvreté. Ils gardent les pieds sur terre, ils la piétinent même, mais tournent leurs regards vers le Ciel, et de ce fait, orientent le nôtre. Tel doit être le saint, dit un apophtegme des Pères du désert : nu à l'égard des choses matérielles et crucifié face aux épreuves du monde. C'est le mystérieux cadeau que Dieu nous fait dans les plus pauvres.

> *Mets-moi comme un sceau sur ton cœur,*
> *comme un sceau sur ton bras ;*
> *car l'amour est fort comme la mort,*
> *la jalousie est inflexible comme le séjour des morts ;*
> *ses ardeurs sont des ardeurs de feu,*
> *une flamme de l'Éternel.*
> *Les grandes eaux ne peuvent éteindre l'amour,*
> *et les fleuves ne l'emporteront pas ;*
> *quand un homme offrirait tous les biens de sa maison contre l'amour,*
> *il ne s'attirerait que le mépris.*

Cantique des cantiques

Memorare
Délicatesse d'une Mère

« Il faut pour qu'un enfant puisse chérir sa mère
Qu'elle pleure avec lui, partage ses douleurs[1]. »

Marie.

En entendant chanter la magnifique séquence du Stabat Mater, j'avais été frappé par l'intensité des mots suivants : *« Iuxta crucem tecum stare »* (*me tenir debout avec vous près de la Croix*) et je m'imaginais me présenter intimidé et confus devant le Crucifié, encouragé toutefois par la présence rassurante de la Vierge Marie à mon côté.

Si la Vierge Marie est effectivement « *refuge des pécheurs* », elle est aussi « *consolatrice des affligés* » et « *cause de notre joie* », chantent les belles Litanies en son honneur. Quelle force prend alors chacune de ces expressions pour les enfants des rues, non seulement à cause de ce qu'elles signifie, mais aussi et surtout grâce à Celle qu'elle célèbre.

Il ne s'agit pas ici de prétendre faire un traité de Mariologie ni même un exposé spirituel, mais plutôt de comprendre l'impact que cette « Maman du Ciel » a sur les enfants. « *S'il est une chose que nous pouvons apprendre de la*

---

1. Sainte Thérèse de l'Enfant-Jésus et de la Sainte Face, *Poésies*, PN 54, strophe 2, mai 1987.

Vierge Marie, c'est bien sa tendresse », disait la Bienheureuse de Calcutta. Les enfants ne tirent jamais un trait sur cette tendresse maternelle et toutes leurs espérances semblent tendre vers elle.

« *Ô mon frère, qui que tu sois, quelque souillure que recèle ton cœur, n'oublie jamais le dernier mot pour toi de ton sauveur qui, te regardant de sa croix t'a dit: "Voici ta Mère"*[2] ».

Sans vouloir aucunement être exhaustif (d'ailleurs comment prétendre épuiser une telle source de grâces?), deux des plus beaux fruits que la Vierge Marie fait indéniablement surgir dans les cœurs de ces enfants, sont la paix et la douceur.

Il est toujours redoutablement émouvant de voir un enfant des rues réclamer à chaudes larmes sa maman, alors que bien souvent sa situation familiale est dramatique et parfois même irréversible. L'enfant sans sa maman, semble perdu et ne connaît plus ni paix, ni sérénité. Nous sommes alors bien impuissants et comme paralysés par une telle détresse : un toit, de la nourriture, des affaires ou je-ne-sais quelle parole de réconfort ne remplaceront jamais la présence, la douceur et la délicatesse d'une maman.

Par conséquent qui peut mieux combler leurs cœurs encore friables, sinon celle « *qui est infiniment touchante* », selon l'expression de Charles Péguy, « *parce qu'elle aussi est infiniment touchée* » ? Qui d'autre sinon cette Maman qui nous est donnée au pied même d'une croix?

---

2. Charles Cardinal JOURNET, *Les sept paroles du Christ en Croix*, Editions du Seuil, 1952, p. 70.

« *Voici ta Mère* » (Jn 19, 27).

Et effectivement la Très Sainte Vierge Marie agit comme une vraie mère pour les plus délaissés. Il n'est donc pas surprenant que dans tous les bidonvilles de Manille, la piété populaire, vraie richesse de l'Église soit manifestée par une grande dévotion envers la Mère du Christ, la Mère du Pauvre : dans un coin de chaque masure se trouve un portrait ou une statue de la « Birhen Maria » (Vierge Marie) ainsi qu'un certain nombre de chapelets.

Certains n'y voient que de la superstition. Le plus souvent, ils associent ce lien maternel à une forme de substitution, alors qu'il s'agit en réalité d'une véritable relation de mère à enfant, avec tout ce que cela signifie et implique. Mais pour ce faire, il nous faut poser le regard du cœur (cf. 1 S 16, 7) sur chaque événement de nos vies – et des leurs – pour y lire la douceur maternelle de Marie.

L'une des prières qui reflètent le mieux cette douceur de la Vierge bénie entre toutes, est le « *Memorare* » *(Souvenez-vous)*, habituellement attribuée à saint Bernard et dont chaque mot semble se faire l'écho de la puissante intercession de la Mère de Dieu :

Souvenez-vous, ô très miséricordieuse Vierge Marie, qu'on n'a jamais entendu dire qu'aucun de ceux qui ont eu recours à votre protection, imploré votre assistance ou réclamé votre secours, n'ait été abandonné. Animé d'une pareille confiance, ô Vierge des vierges, ô ma Mère, je cours à vous, je viens à vous, et gémissant sous le poids de mes péchés, je me prosterne à vos pieds. Ô Mère du Verbe incarné, ne rejetez pas mes prières, mais écoutez-les favorablement et daignez les exaucer. Ainsi soit-il.

Bossuet disait que Marie est mère de Dieu pour tout obtenir et mère des hommes pour tout accorder. Dans le cas des enfants de la fondation, séparés de leurs mamans, c'est elle-même qu'ils exigent, la Mère de toutes les mères, la « *Mère sans tâche* », la « *Mère aimable* », la « *Mère admirable*[3]. » Ils ne demandent plus seulement l'intercession mais réclament Celle qui intercède.

« Il y a des jours dans l'existence où on sent qu'on ne peut plus se contenter des saints patrons...
Alors il faut prendre son courage à deux mains.
Et s'adresser directement à celle qui est au-dessus de tout. »
Charles Péguy

Inconsciemment, les enfants veulent embrasser ce qu'elle est, car elle résume à elle seule tous les combats qu'ils mènent : le pardon, la sainteté, les souffrances, l'espérance et la joie !

Immaculée Conception, Marie est pour eux symbole du pardon car Elle porte, dans sa nature même, la marque indélébile de la Miséricorde. Elle représente le pardon donné gratuitement, inscrit dans un plan d'amour auquel ils aspirent tant.

Mère de Dieu, Marie est pour eux source de sainteté par l'exemple qu'elle donne de la vie cachée à Nazareth : des petits actes posés au quotidien, avec persévérance et

---

3. *Cf.* les Litanies de la Sainte Vierge.

fidélité, pour correspondre si parfaitement à la Volonté de Celui qui, enfant, lui a été soumis.

Notre-Dame des douleurs, Marie est pour eux force dans la souffrance parce qu'elle « *pleure avec eux et partage leurs douleurs* ». Ils vivent ainsi dans les épreuves, comme un cœur à cœur avec Marie au pied de la Croix. « *Un glaive te transpercera l'âme* » (Lc 2, 35).

Étoile du matin, Marie est pour eux flambeau d'espérance par son deuil victorieux du Samedi Saint. Elle les accompagne dans cette attente douloureuse et pourtant assurée de l'issue heureuse et triomphante qui donne sens à ce qu'ils vivent.

Porte du Ciel, Marie est pour eux cause de leur joie parce qu'elle leur dit, comme à la petite voyante de Massabielle : « *Je ne vous promets pas de vous rendre heureuse en ce monde, mais dans l'autre.* »

Notre-Dame des enfants des rues, Marie est leur mère.

Le jeune Lucio est un vrai orphelin. Il a perdu ses deux parents en quelques mois et a été recueilli très jeune, avec son petit frère, par des religieuses au nord de Manille. Après quelques mois, ils ont été confiés à la fondation pour leur permettre de suivre un cursus scolaire normal et ont intégré sans mal le groupe d'enfants de l'un des foyers.

Un matin, Lucio, un enfant très stable, s'est enfui sans raison apparente, déconcertant ainsi tous les éducateurs qui l'accompagnaient. Il n'a réapparu que tard le soir et lorsque, inquiets, nous lui avons demandé d'où il venait, il répondit avec une émotion palpable dans sa voix :

— *J'ai eu besoin d'aller voir maman. J'ai essayé de retrouver le cimetière, mais je n'ai même pas réussi…*

Certaines escapades sont bien vite pardonnées.

Mais l'occasion était idéale pour entamer avec lui une discussion profonde et le laisser ainsi ouvrir son cœur, ce qu'il fit sans difficulté. Nous fûmes alors édifiés d'apprendre que ce qui l'aidait à assumer l'absence de sa maman était la récitation quotidienne du chapelet dont chacun des *Ave,* répétés inlassablement, résonnait comme le battement d'un cœur qui ne voulait pas cesser d'aimer.

« *L'esprit d'enfance*, a dit Benoît XV, *consiste à appliquer à la vie spirituelle la spontanéité que les enfants appliquent à la vie naturelle.* »

Je veux conclure ce court chapitre avec la belle prière du Père Léonce de Grandmaison :

Sainte Marie, Mère de Dieu,
gardez-moi un cœur d'enfant,
pur et transparent comme une source ;
obtenez-moi un cœur simple,
qui ne savoure pas les tristesses ;
un cœur magnifique à se donner,
tendre à la compassion,
un cœur fidèle et généreux
qui n'oublie aucun bienfait
et ne tienne rancune d'aucun mal.
Faites-moi un cœur doux et humble,
aimant sans demander de retour,
joyeux de s'effacer dans un autre cœur
devant votre divin Fils ;

un cœur grand et indomptable,
qu'aucune ingratitude ne ferme,
qu'aucune indifférence ne lasse ;
un cœur tourmenté de la gloire de Jésus-Christ,
blessé de son amour
et dont la plaie ne guérisse qu'au ciel.

Allez de toutes les nations
L'exigence de la joie

« Il vous reste des larmes à verser,
mais c'est ainsi que vous apprendrez
à essuyer celles des autres,
à les faire couler aussi pour leur salut[1]. »

La cohérence.

« *Les pauvres sont nos seigneurs et nos maîtres.* » Ces mots de saint Vincent de Paul ne sont pas seulement une règle de vie dont la finalité serait d'encourager à « *nous souvenir des nécessiteux* » (Ga 2, 10). Ils ne doivent pas non plus résonner uniquement comme une belle devise à broder sur un étendard. Il faut les laisser vibrer au plus profond de nos entrailles et susciter ainsi un désir véritable de nous mettre à l'école des plus petits.

Nous devons apprendre jour après jour à sculpter nos âmes, dans chaque petit acte de la vie quotidienne. Plus ce que nous faisons peut sembler ordinaire, plus l'amour que nous devons y mettre doit être extraordinaire. Se contenter de vivre en cherchant exclusivement à éviter le mal n'est pas évangélique. Il faut mourir du désir de faire le bien. Or notre pèlerinage sur terre n'est qu'un long enfantement

---

1. Victor-Alain Berto, *Le Cénacle et le jardin*, DMM, 2000, p. 234.

de l'âme à l'éternité. Il faut donc enfouir l'amour dans le monde, non pas comme un trésor que l'on cache, mais comme une graine que l'on soigne.

Afin de prolonger notre réflexion avec saint Vincent de Paul, je retranscris ici l'un de ses derniers dialogues tel qu'il est imaginé par Jean Anouilh dans « *Monsieur Vincent* », le film magnifique de Maurice Cloche :

« *Jeanne, tu verras bientôt que la Charité est lourde à porter. Plus que le broc de soupe et le panier plein… Mais tu garderas ta douceur et ton sourire… Ce n'est pas tout de donner le bouillon et le pain. Cela les riches peuvent le faire. Tu es la petite servante des pauvres, la Fille de la Charité, toujours souriante et de bonne humeur. Ils sont tes maîtres, des maîtres terriblement susceptibles et exigeants, tu verras. Alors, plus ils seront laids et sales, plus ils seront injustes et grossiers, plus tu devras leur donner de ton amour !… Ce n'est que pour ton amour, pour ton amour seul, que les pauvres te pardonneront le pain que tu leur donnes… »*

La multitude des jeunes bénévoles engagés avec une vraie sincérité au service d'une cause parfois plus exotique que réelle, répète assez généralement ce lieu commun devenu l'axiome des organismes de volontariat : « *Nous recevons plus que nous n'apportons.* » Or ces quelques mots, désormais triviaux, expriment pourtant une vérité profonde à condition que l'on sache recevoir. Et cela est plus difficile qu'on ne le croit.

Dans la grande règle de saint Basile, ce dernier écrit : « *Dieu veut que nous ayons besoin les uns des autres.* » Les enfants nous enseignent : c'est une certitude. Mais savons-nous apprendre? Sommes-nous capables d'être assez humbles pour avoir effectivement besoin d'eux?

« *Aimer l'autre, c'est exiger qu'il se dépasse* », dit le poète autrichien, Rainer Maria Rilke. Il faut évidemment que cela devienne une règle d'éducation applicable à tous les enfants des rues recueillis à la fondation. Mais c'est avant tout une règle d'exigence qu'ils nous imposent et à laquelle nous devons nous-mêmes nous soumettre. Nous n'avons pas le droit d'exiger des jeunes qu'ils tiennent bon dans les épreuves et se battent avec persévérance, si nous ne menons pas un combat intérieur similaire.

Ainsi les enfants des rues de Manille, en guenilles et nu-pieds, prennent la tête de notre cortège et mènent l'offensive. C'est une vraie guerre avec pour seule arme la faiblesse, une croisade dont la puissance de combat n'est rien d'autre que l'exemple qu'ils nous donnent.

« *Ô Seigneur, notre Dieu, qu'il est grand ton nom par toute la terre! Par la bouche des enfants, des tout-petits: rempart que tu opposes à l'adversaire, où l'ennemi se brise en sa révolte* » (Psaume 8).

C'est pourquoi les plus petits du Bon Dieu lancent un véritable appel…

Ils nous appellent à refuser la médiocrité, cancer de notre humanité, et à remplacer les mots par les actes. Ils nous appellent à embrasser notre vocation en vomissant la tiédeur pour laisser enfin rejaillir les idéaux enfouis au plus profond de notre cœur. « *Mon seul mot d'ordre est celui-ci*, nous dit Gustave Thibon: *Restez à jamais fidèle – contre l'univers entier et surtout contre vous-mêmes – à ce que vous avez entrevu et désiré dans les heures les plus pures de votre vie.* »

Ils nous appellent à la sainteté, la vraie. Non pas celle que l'on admire avec une distance obséquieuse afin de la rendre astucieusement inaccessible, mais celle qui nous secoue dans chaque petit acte posé jour après jour : la sainteté du quotidien. Ils nous invitent à relever le défi de la cohérence.

Dodong nous encourage à emprunter le sentier abrupt et difficile du pardon. Or l'élan de la miséricorde est d'abord un mouvement du cœur d'origine divine, une grâce, et seulement une grâce, qu'il faut donc demander. C'est certainement pourquoi Dieu a voulu que les plus beaux exemples de pardons soient donnés par les enfants.

Mais ne confondons pas faiblesse et lâcheté. Le miséricordieux n'a rien du lâche. Ce dernier accueille parce qu'il ne sait pas dire « non », tandis que le miséricordieux accueille parce qu'il sait dire « oui ». Dodong nous précède sur ce chemin exigeant.

Felipe, lui, avec ses larmes de paix, nous exhorte à choisir la vie, non pas sans les épreuves mais au-delà de la souffrance. Il nous pousse à vivre un amour authentique : un amour en acte, un amour qui dure, un amour gratuit. « *Si je n'ai pas l'amour, je ne suis plus qu'airain qui sonne ou cymbale qui retentit* » (1Co 13, 1). Ce verset de saint Paul ne signifie pas « posséder » l'amour mais plutôt « être possédé » par l'Amour, nuance qui peut éclairer le dessein d'une évangélisation véritable : il ne s'agit plus simplement de donner mais de rayonner. Arrêtons de chercher le bonheur avec une obsession étriquée, mais suscitons-le plutôt chez notre prochain. Alors seulement nous le trouverons et pour reprendre les mots du grand Raoul Follereau, « *le bonheur est la seule chose que l'on est sûr d'avoir lorsqu'on l'a donné.* »

Marvin, notre jeune myopathe, prêche quant à lui l'espérance, « *la plus grande et la plus difficile victoire qu'un homme puisse remporter sur son âme* », selon les mots de Bernanos. Mais il ne proclame pas l'espérance nonchalante qui se complaît dans l'attente pour mieux justifier une certaine léthargie spirituelle et morale. Marvin prône une attente exigeante, celle qui suppose la persévérance et porte de vrais fruits. Il nous aide à comprendre que notre vie ici-bas n'est qu'un passage, l'étape d'un pèlerinage vers la grande Cathédrale dont nous apercevons déjà les flèches. Il ne s'agit donc pas d'attendre stérilement que le temps passe, mais il faut avancer ensemble, malgré la fatigue, la lassitude ou les épreuves.

C'est un petit être sans force assis dans un fauteuil roulant qui nous remet sur pied et bouscule notre marasme spirituel. C'est lui qui soigne notre paralysie. « *Lève-toi, tu m'entends, prends ton grabat et marche!* » (Mc 2, 11).

Intoy qui partage méticuleusement son temps de conversation à la chapelle entre le Fils unique de Dieu et sa maman, nous offre quant à lui, le moyen de cette guérison intérieure : la prière. Ce n'est pas la prière de supermarché où chacun se rend avec sa liste de commissions à rayer. Ce n'est pas non plus la prière à sensations où l'affectif devient le critère absolu de qualité permettant d'évaluer le temps écoulé en présence du Bon Dieu. C'est encore moins la prière de l'extatique qui met un point d'honneur à mépriser le réel et dont la seule pensée que le Christ ait pu avoir les pieds sales suscite chez lui un émoi digne des plus farouches pharisiens.

Intoy nous parle de la prière du cœur qui répond aux mêmes exigences que l'amour : une prière fidèle, une prière qui offre avant de demander, une prière qui « *fait l'aumône à un Dieu mendiant*[2] », une prière qui secoue notre âme et nous provoque sur le terrain de la loyauté et de l'honneur, une prière qui exige notre conversion de chaque jour.

« *Un cœur d'enfant est un cœur indomptable, qui n'accepte pas de vivre en deçà d'une certaine magnificence*[3]. »

Tous ces préférés du Bon Dieu nous appellent donc bien à la sainteté et la noblesse avec laquelle ils font face aux obstacles qui se dressent constamment devant eux exige de nous fermeté, détermination et acharnement pour mettre en mouvement ce qu'au fond de nos cœurs nous savons juste, droit et nécessaire pour nos vies.

Alors seulement, lorsque nous saurons manifester notre foi par nos œuvres (Jc 2, 18), nous pourrons enfin devenir ces « *apôtres de la joie* » que le pape Jean-Paul II appelait de toute son âme charismatique dans la lettre aux jeunes pour les Journées Mondiales de la Jeunesse de 1996.

« *Dieu entend mieux un sanglot qu'un appel* » affirmait saint Augustin, ce qui ne signifie pas que nous devons nous morfondre dans le malheur, pris dans les tentacules de la désolation parce que nous sommes plongés dans un

---

2. Gustave THIBON, *L'ignorance étoilée* Fayard, Paris *1975,* cité dans *Expérience de Dieu avec G. Thibon,* Fides 2003, p. 84.

3. Marie-Dominique MOLINIÉ, *Le combat de Jacob*, Cerf 1967, p. 113.

monde sans espoir. Nous devons au contraire embrasser l'espérance qui se résume en quelques mots : « *Heureux vous qui pleurez maintenant, car vous serez dans la joie !* » (Lc 6, 21). Et cette espérance, expression triomphale de l'amour de Dieu pour chacun de nous, doit porter des fruits dans nos vies et nous pousser à correspondre toujours plus à notre vocation universelle : l'amour. Un amour en acte, un amour qui dure, un amour gratuit…

Je conclus avec ce beau texte de Marie-Noël :

Vous voilà, mon Dieu. Vous me cherchiez ? Que me voulez-vous ? Je n'ai rien à Vous donner. Depuis notre dernière rencontre, je n'ai rien mis de côté pour Vous. Rien… pas une bonne action. J'étais trop lasse. Rien… pas une bonne parole. J'étais trop triste. Rien que le dégoût de vivre, l'ennui, la stérilité.

Donne !

La hâte, chaque jour, de voir la journée finie, sans servir à rien ; le désir de repos loin du devoir et des œuvres, le détachement du bien à faire, le dégoût de Vous, ô mon Dieu !

Donne !

La torpeur de l'âme, le remords de ma mollesse et la mollesse plus forte que le remords…

Donne !

Des troubles, des épouvantes, des doutes …

Donne !

Seigneur, voilà que, comme un chiffonnier, Vous allez ramasser des déchets, des immondices. Qu'en voulez-Vous faire, Seigneur ?

Le Royaume des Cieux !

La réconciliation de Lamir
Inoubliable consolation

« Je peux croire en l'impossible
mais pas à l'improbable[1]. »

En guise de conclusion, plutôt que de m'étendre dans des considérations interminables, je préfère achever ces quelques pages par une anecdote joyeuse, un dénouement que l'on souhaiterait à chacun de nos pensionnaires…

L'un des plus doux souvenirs de ces dernières années demeure la belle histoire d'une réconciliation. Lamir est un enfant qui a perdu sa maman très jeune et qui a été élevé par un père absent de la maison parce qu'il fallait travailler pour faire vivre ses progénitures. Il s'agissait néanmoins d'un papa aimant et attentionné. Aîné de trois enfants, Lamir s'est retrouvé dans la rue en quelques heures parce que dans son bidonville, un voisin mal intentionné l'avait menacé durement après je ne sais quelle bêtise qu'il avait faite. Il avait dix ans, il a pris peur. Lamir s'est enfui très loin et n'a jamais osé revenir, hanté par cette intimidation qui lui semblait une condamnation sans appel.

---

1. Gilbert Keith CHESTERTON, *Les enquêtes du Père Brown*, Omnibus 2008, p. 587.

Il n'a pas attendu longtemps avant d'être remarqué par un autre enfant des trottoirs et s'est vu aussitôt intégré à un groupe. Il a vécu alors les initiations habituelles des gangs. Embarqué dans le tourbillon infernal de la rue, et incapable de réagir, il est resté plus d'un an ainsi, sans jamais oser retourner chez lui.

Lamir a rejoint la fondation assez vite après avoir rencontré l'un des éducateurs de rue. Facile à convaincre, il s'est bien vite stabilisé au centre. Voilà un enfant qui arborait toujours un sourire immense, aimait rire et faire rire mais avait un caractère un peu dominateur et ne se privait pas de rappeler à ses compagnons qu'il ne craignait rien et qu'il ne tolérait la provocation que pour mieux y répondre.

Lamir ne pleurait pas. Il n'avait pas versé une larme depuis plus d'un an. Il voulait être un dur.

Pour chaque enfant qui intègre la fondation, après un certain temps passé dans le centre d'accueil, les assistantes sociales essaient tant bien que mal de renouer des liens avec les familles et évaluer ainsi les raisons qui ont poussé l'enfant à quitter le toit familial.

Ce dimanche d'été, c'était au tour de Lamir et je me suis joint au groupe. Dans son cas et vu son histoire, la réconciliation semblait probable et l'enfant la désirait de tout son cœur. Le bidonville s'appelait « Boracay » du nom de l'une des plus célèbres plages des Philippines, mais en guise de sable blanc ou de cocotiers on ne trouvait là que des ordures et de la boue. Cependant les masures entassées les unes sur les autres étant en partie sur pilotis, il suffisait de fermer les yeux et de se concentrer sur le clapotis des vagues pour échapper illusoirement à la promiscuité étouffante.

Lamir menait le groupe dans le dédale des ruelles, il était impatient de revoir son père, son frère et sa sœur après tant de mois sans nouvelles. Il n'avait plus peur parce qu'il était accompagné et l'entrain avec lequel il avançait était le signe de l'excitation qui l'animait à l'idée de retrouver les siens. Lamir allait tourner une page sombre de sa courte histoire. Il voulait oublier cette année noire et serrer à nouveau les siens dans ses bras.

Après un bon quart d'heure de labyrinthe qui n'avait aucun secret pour notre petit bonhomme, le voilà qui se plante devant un gourbi en bois. C'était là. L'excitation avait fait place à l'émotion et au doute. Allait-il être accueilli ? Grondé ? Rejeté ? Le grand sourire fier que l'on connaissait s'était éclipsé et il ne restait plus qu'un petit enfant tendu mais plein d'espérances.

L'assistante sociale frappa sur la planche de bois qui servait de porte et une jeune femme apparut. C'était la tante de Lamir qui ne sut contenir un cri de surprise.

— Lamir ! Mais tout le monde te croyait mort... Ton papa t'a cherché partout et on lui a dit que tu avais été renversé par un camion l'année dernière. Il n'a pas supporté et a quitté la ville, mon pauvre enfant. Il est retourné en province depuis six mois déjà.

Toutes les espérances de Lamir de revoir les siens se sont effondrées en une phrase. L'émotion contenue depuis des heures était tout à coup trop lourde à porter. Lamir se jeta dans les bras de l'assistante sociale et s'effondra en larmes.

C'étaient des larmes de désespoir. Il pleurait à nouveau, mais de douleur.

Nous n'allions toutefois pas laisser la petite flamme de son cœur qui retrouvait enfin vie, s'éteindre si stupidement.

— *Qu'à cela ne tienne, Lamir. On t'y emmènera.*

Il ne semblait pas nous croire et derrière ses grands yeux rougis par la peine, attendait comme une confirmation. Il restait dubitatif car il ne voulait pas être à nouveau déçu.

— *Quand ?*

— *Je ne sais pas. Le temps de préparer le voyage. Où est ta province, le sais-tu ?*

— *Je n'y suis jamais allé. C'est sur une petite île, c'est tout ce que je sais.*

Effectivement la tante nous donnait les précieuses informations qui se résumaient en trois mots : Samar, Daram, Estorga. Le premier pour la région, le deuxième pour le nom de l'île, le troisième pour celui du petit village d'où était originaire la famille de Lamir. Il ne restait plus qu'à découvrir par quels moyens nous allions pouvoir nous rendre sur place.

La semaine de préparation fut interminable pour notre petit bonhomme qui trépignait chaque jour en espérant le coup d'envoi du périple. Tout semblait simple d'ailleurs. Un coup de téléphone aux autorités locales et la secrétaire du bureau nous avait donné des instructions pour rejoindre le village. Il suffisait d'embarquer à bord d'un bateau jusqu'à la ville portuaire la plus importante de la région puis de prendre un bus car il y avait un pont, paraît-il, qui rejoignait le petit village.

Après une vingtaine d'heures de traversée, nous avons débarqué dans cette ville portuaire de l'Est des Philippines et nous nous sommes immédiatement mis en quête des bus à destination de « Daram Island ». Mais nous avions été bien mal renseignés et le périple se compliquait car le fameux pont n'existait pas. Nous ne pouvions rejoindre l'île qu'en embarquant avec l'un des pêcheurs venus vendre au marché les poissons pris le matin.

Ce n'est qu'en fin d'après-midi, après bien des déboires, que nous atteignîmes un petit embarcadère tout au bout du village d'Estorga dont la moitié des maisons étaient sur pilotis.

Après avoir remercié notre barreur, nous approchâmes du premier villageois pour savoir où habitait « M. *Belardo* », le père de Lamir. Notre informateur potentiel nous regarda avec un sourire amusé. La moitié des familles du village portait ce nom.

Après quelques explications plus fournies, il semblait que le *Belardo* en question habitait avec ses enfants et la grand-mère à l'autre extrémité du bourg. Nous traversâmes le village, suivis au fur et à mesure par toutes les âmes du lieu, intriguées par les étrangers de passage, pour arriver enfin devant la masure. Une centaine de personnes se pressaient derrière nous pour assister à la scène.

C'était la bonne maison car si Lamir eut du mal à se souvenir de la vieille dame assise devant la petite maison en bambou, il reconnut par contre avec émotion son petit frère et sa petite sœur.

139

Mais son papa n'était pas là. Il ne reviendrait du large qu'après la remontée des filets de pêche, d'ici une heure ou deux.

Nous fûmes accueillis chaleureusement par la grand-mère et en attendant le retour du papa, Lamir se mit à jouer avec son petit frère. Mais le papa ne se fit pas attendre et Lamir l'apercevant par une petite fenêtre vint se blottir contre nous, inquiet de la réaction qu'aurait son père en le voyant.

Le papa se fraya un chemin au travers de la foule, informé déjà par les badauds du retour de son fils. Et contrairement à tous les clichés hollywoodiens, où les cris et les embrassades veulent susciter l'émotion chez le spectateur, nous assistâmes au contraire à une scène étonnement silencieuse. Le papa en entrant, fixait du regard son fils. Ses yeux ne voyaient que son enfant qu'il avait cru mort. Il se mit alors à avancer tout doucement dans la petite pièce, comme s'il avait peur de l'effrayer, comme s'il craignait que son garçon ne lui échappe à nouveau.

Toujours en silence, il se mit à genoux devant son fils et prit paisiblement ses mains, les palpant comme s'il voulait se convaincre que son enfant était effectivement bien là devant lui, en vie. Alors seulement de grosses larmes coulèrent doucement sur ses joues brunies par le soleil, et il serra avec amour son fils retrouvé.

Cette image ne m'a jamais quitté.

Manille, le 19 juin 2009
En la solennité du Sacré Cœur de Jésus

Seigneur,

Prenez mon cœur, prenez mon âme.
Que mon cœur batte au rythme de Votre cœur.
Que mon regard soit celui que Vous poseriez ;
mes paroles, celles que Vous prononceriez ;
mon écoute, celle que Vous auriez ;
mes gestes, ceux que Vous feriez.

Et qu'à jamais ce cœur à cœur
soit le digne reflet de l'amour immense
que vous avez daigné enfouir
dans mon âme d'enfant.

Mon Dieu je vous aime.

Amen

En guise d'envoi

La joie est prière. La joie est force. La joie est amour. Elle est comme un filet d'amour qui prend les âmes. Dieu aime le donateur joyeux. Qui donne joyeusement donne le plus. Il n'y a pas de meilleure façon de manifester notre gratitude à Dieu et aux hommes que d'accepter tout avec joie. Un cœur brûlant d'amour est nécessairement un cœur joyeux. Ne laissez jamais la tristesse vous envahir au point de vous faire oublier la joie du Christ ressuscité.

Nous éprouvons tous l'ardent désir du Ciel où se trouve Dieu, or il est en notre pouvoir à tous d'être dès maintenant au Ciel avec lui – d'être heureux avec lui en cet instant même. Mais ce bonheur immédiat avec lui veut dire : aimer comme il aime, aider comme il aide, donner comme il donne, servir comme il sert, secourir comme il secourt, demeurer avec lui toutes les heures du jour, et toucher son être même sous sa figure d'affliction[1].

---

1. Bienheureuse Mère TERESA, *La joie du don*, *Livre de Vie*, Éditions du Seuil, p. 73.

Remerciements

Je tiens à remercier tout particulièrement C. et A. Dargnies, P. Breton, M. Rey et N. Arnoux pour leur aide précieuse et leurs encouragements.

Un grand merci aussi à Jacqueline Robillard sans laquelle ces pages n'auraient jamais été publiées...

Merci à ma famille qui reste mon plus fort soutien, malgré la distance.

Merci au cardinal Gaudencio B. Rosales, archevêque de Manille et à Mgr. Socrates B. Villegas, archevêque de Lingayen Dagupan, pour leur soutien fidèle à la fondation.

Merci enfin à tous ceux qui, de près ou de loin, matériellement, moralement ou spirituellement, nous aident à continuer l'œuvre entreprise à Manille surtout dans les temps d'épreuves et les moments de découragements.

Table des matières

Achevé d'imprimer par
l'Imprimerie France Quercy, 46090 Mercuès
N° d'impression : 11589 - Dépôt légal : septembre 2011

Imprimé en France